Gottfried Bachl

Der beneidete Engel

Gottfried Bachl

Der beneidete Engel

Theologische Prosa

Herder

Freiburg · Basel · Wien

Umschlagbild: Sempere, Verano (Detail)

Herstellung: Freiburger Graphische Betriebe 1987
ISBN 3-451-20921-7

Inhalt

Protest aus Kafarnaum

Der Tischler Tobija aus Kafarnaum an den Rabbi Jesus aus Nazaret, unterwegs:

Wer weiß, wo mein Bote Dich erreicht, er hat guten Willen, aber einen bockigen Esel, und Du bist schnell zu Fuß. Wo immer Du Dich aufhältst – ich möchte, daß Du mein Schreiben bekommst. Es ist dringend.

Du warst wieder in unserem Ort. Früher gingen die Geschäfte nach Deinen Besuchen bald weiter, wie es sich gehört. Dieses Mal hast Du uns viel Unruhe und Gerede dagelassen. Es geht nämlich um Deinen Fluch über unser Kafarnaum. Auch die Nachbarschaft, Chorazin und Betsaida, soll davon getroffen sein. Rabbi, ich habe es nicht selbst gehört. Die Leute sind aber so aufgeregt und voll Angst, daß es auch mich gepackt hat. Du sollst geschrien haben: *Weh dir, Chorazin! Weh dir, Betsaida! Du Kafarnaum, bis zum Himmel willst du gehoben sein? Bis zur Hölle sollst du hinabfahren. Es wird dem Land Sodom am Gerichtstag besser gehen als dir!*

Mein Nachbar, der Eselzüchter Simon, hat behauptet, Deine Begleiter hätten geflucht, nicht Du. Du seiest längst weg gewesen, einige Deiner Anhänger hätten noch mit den Leuten auf dem Markt gestritten. Zum Abschied hätten sie die Verwünschung ausgerufen, die uns den Tod bringen soll und den Zorn Gottes. Auf jeden Fall hast Du ein Wort über uns gebracht, das wir fürchten müssen. Es ruft die Rache des Himmels an, sie soll auf uns fallen. Und macht gar keine Unterschiede, redet städteweise. Alle sollen auf einen Haufen geworfen werden.

Die mit Dir gehen, sind Dein Mund, oder nicht? Du weißt, was sie sagen. Meine Frau heißt Hanna. Wir haben fünf Kinder, Tabita, Mirjam, Jehuda, Aja und Chija. Dieser ist der Erstgeborene und hilft mir schon bei der Arbeit. Die sind alle gemeint. Wenn uns die Gehenna holt, sollen sie mitgezogen werden und die vielen anderen Kinder bei uns. Ich sage nichts von den Kranken, die Dich gar nie haben sehen und hören können. Sie wissen nicht, wer Du bist und was Du willst.

Gestern ist in der anderen Gasse ein Kind gestorben, am Fieber. Jetzt sagen meine Nachbarn, der Fluch beginne schon zu wirken.

Komm zurück und hole Dein Höllenwort ab, nimm es Dir wieder. Für meine Kinder bitte ich Dich, für meine Frau, für alle anderen auch. Ich kann es nicht zulassen, daß sie nun über Deine Klinge springen sollen.

Weißt Du überhaupt, wer hier lebt? Kennst Du die Namen unserer Kinder? Ist es Dir gleichgültig, ob Dich einer kennt oder nicht, ob Du jemand gesehen hast oder nicht? Man sagt, Du habest keine Familie. Ein kinderloser Prophet bist Du also. Da redest du freilich leicht.

Wenn ich nur wüßte, was wahr ist an den Gerüchten über Dich. Man hört, daß Dir die Kinder nachlaufen und Dich mögen. Magst Du sie auch? Wie ist es dann möglich, ein so fürchterlich blindes Wort in die Luft zu schleudern? Warum seid Ihr so ungeduldig? Kaum hat man Euch mit einem halben Auge gesehen, soll man schon mit Euch laufen. Ich bin ein Handwerker, ich habe meine Arbeit zu tun, sonst hungert meine Familie. Ich habe nicht soviel Zeit wie die Wanderpropheten, deshalb brauche ich länger.

Die Tora ist tausend Jahre alt. Da kommst Du, und zwischen Frühbrot und Mittag soll alles anders werden.

Und ziehst meine Kinder zur Rechenschaft und achtest sie nicht. Was bist Du für einer, daß Du uns keine Zeit gibst? Kannst Du Ablehnung nicht ertragen? Was ist das für eine Art, herumzufluchen, weil nicht gleich alle nicken!

Der Allerhabene hat alles genau gemacht. Ich muß die Bretter sorgsam zusammenpassen, sonst wird es nichts. Wer seine Rede nicht auch so macht, ist ein Schwindler oder ein Dummkopf oder ein Satan. Ein Mann Gottes läßt nicht Höllenflüche leichtsinnig irgendwo liegen. Alle können daran verbrennen, auch die Unschuldigen.

Wenn es Deine Leute geschrien haben , dann bist Du der Auslöser. Wärest Du dagegen gestanden, hätten die Freunde ihre Raserei nicht in Deinem Namen ausstoßen können. Was hast Du ihnen für einen Geist eingegeben? Der Allmächtige prüfe Dich und Deinen Anhang! Er untersuche Deinen Geist und Deine Worte, die von Dir in die Welt gesetzt werden, er tue es im Angesicht meiner Kinder! Denn ich rufe *Ihn* an gegen Dich und Deine Flucher! Heißt es doch: *Hebe Deine Hände zu Ihm empor für das Leben Deiner Kindlein!* und: *Aus dem Munde der Kinder hast Du Dir Lobpreis bereitet.*

Man sagt hier, Deine Mutter lebe noch und sei einige Male auf dem Markt gesehen worden. Nimm sie mit auf Deine Reise, laß sie hören, was Du sagst! Dann hast Du wohl einen Menschen dabei, der ein Gespür hat für uns, die kleinen, langsamen Leute.

Ich wollte einen Gegenfluch sprechen, gestern beim Abendgebet. Meine Hanna hat es nicht zugelassen. „Tobija“, hat sie gesagt, „vergifte dich nicht, stecke dich nicht an. Schau auf deine Kinder, das tut nicht gut. Du bist der Vater, sei sanftmütig. Lehre sie nicht, ihre Wut mit dem Namen des Allmächtigen zu schmücken. Geh auf das Dach hinauf, sprich den Segen in alle vier Windrichtungen. Der fremde Rabbi wird es spüren, und seine Worte werden uns nichts tun."

Ich habe ihr gehorcht. Jetzt schreibe ich Dir heimlich, und sie weiß nichts davon.

Komm also, hole Deinen Fluch. Er liegt auf vielen Unschuldigen, und der Allmächtige kann ihn um seiner Ehre willen nicht dort lassen, sondern wird ihn auf Dich und die Deinen zurücklenken müssen, wenn Du das Wort nicht aus der Welt schaffst.

Es gibt schon einige hier, die Dich nicht fürchten, sondern verachten. Ich gehöre nicht dazu. Ich habe zwar nicht genug Zeit gehabt, Deine Reden ganz zu hören, aber einige Sätze weiß ich noch: *Tut Gutes denen, die Euch hassen. Selig, die Frieden schaffen, sie werden Söhne Gottes heißen. Habt Salz in Euch, und haltet Frieden untereinander!* Du redest gut, die Stimme der Tora, die wir am Sabbat hören, ist Dir nicht fremd. Jetzt zeige, wer Du bist. Du mußt uns kein Wunder tun, Du sollst nur Deinen Fluch vernichten.

Die Luft ist voll Verwünschungen, die Welt voll scharfer Eisen, die Lanzen der römischen Herren stehen in unserem Land. Das ist genug. Wir brauchen keinen, der das noch vermehrt. Gewalt und Zorn sind reichlich vorhanden.

Wenn Dich mein Brief ärgert, bedenke, daß er die guten Worte meiner Hanna enthält. Du kannst sie nicht überhören, wenn Du ein Bote des Allerhabenen bist.

Der Hochgelobte bewege Dein Herz und erinnere Dich an meine unschuldigen Kinder.

Das wird auch für Deine Seele gut sein.

Sag meinem Boten ein Wort, ob Du kommen willst.

Du kannst bei mir übernachten, ich habe eine leere Kammer. Meine Frau macht schmackhafte Kornfladen, und ich werde einen Schlauch Wein besorgen.

Der Mann aus Nazaret ließ dem Tischler Tobija mündlich folgendes ausrichten:

Mein Zorn hat mich weiter gerissen, als ich weiß. Deine Hanna ist eine nahe Seele, ich muß sie sehen.

Die Stummheit der Gegenden gegenüber meinen Worten, das Getöse eurer Märkte, während ich rede, sollte das einen Israeliten nicht reizen? Kennst du nicht Amos und Jeremia und Jesaja? Ich bin kein Sandalenverkäufer, kein Händler mit Weinschläuchen. Es brennt etwas in mir, das ich kaum nennen kann. Und ich darf es nicht halten, es muß heraus unter die Leute. Denk an den Busch, der vor Mose im Feuer stand. Warum ließ *Er* ihn nicht blühen, statt ihn anzuzünden? Mose hätte den Strauch gar nicht gesehen, und seine Schafe hätten die Blüten abgefressen.

Aber Gnade meinem Zorn, daß er Hannas Antwort hervorgerufen hat! Ich werde deinen Wein kosten und euch erzählen. Wir werden miteinander essen. Ich habe nicht nur mein Wort, ich brauche auch das Echo. Und im Echo, das du mir geschickt hast, spricht der *Vater,* in deiner starken, sanftmütigen Frau vor allem. Überall, wo ich hinkomme und rede, kommt er mir entgegen, auch aus meinen Feinden.

Weißt du nicht, daß die Propheten ihren Gang lernen, indem sie sich den Widersprüchen entgegenwerfen? Hab Geduld und schau auf das Ende. Ich danke dir für dein Schreiben, es hat mir zornig wohlgetan.

Alles, was du auf deine Kinder fallen siehst – ich habe es längst auf mich gelenkt. Du sollst nichts fürchten für die Unschuldigen. Glaube mir, ich habe viele Freunde unter ihnen, und ich bin ihnen Freund.

Ich will nicht, daß sie verdösen zwischen Hammelfleisch und Sabbatlesung. Auch meine Schreie sind eine Bitte an ihre Seele. Die grobe Vergeßlichkeit der Eltern bei Essen und Trinken und Heirat und Versorgung macht aus den Kindern nur Nachfolger ihrer gedunsenen Zufriedenheit.

Du wirst es noch erleben, daß ich nicht ein neues Stecheisen bin. Ich werde mich eher erledigen lassen, als daß ich eins von den Kleinen zerstöre. Mein Zorn wird nur mich verbrennen.

Mache deinen Kindern einstweilen eine Zärtlichkeit und sag, daß sie von mir kommt.

Paulus oder Das Risiko

Aus dem Tagebuch eines römischen Sympathisanten

Gestern war ich bei einem Bankett, das der Präfekt der prätorianischen Garde gegeben hat. Vorzüglicher Wein und gute Nachricht: Ein aufregender Mann soll in Rom sein. Er hat an den Cäsar berufen, steht unter Hausarrest, ein Jude, soll Paulus heißen und sehr beredt sein. Valeria war hingerissen. Sie schmilzt vor jedem hageren Schwarzhaarigen. Daß Marcus, der ihn gesehen und kurz mit ihm gesprochen hat, aufmerksam ist, macht mich lüstern. Hingehen? Einladen? Mein Sklave Firmus bringt die Auskunft, daß er eine Kammer hat, bei einer Witwe, in der Straße der Getreidehändler. Viele Besucher, aber Paulus sei freundlich zu ihm, spricht halbwegs griechisch, lateinische Fetzen.

Heute habe ich Firmus mit einer Botschaft hingeschickt. Er soll sagen: Gnaeus Papirius, ein Freund des großen Seneca, begrüßt Dich; er wünscht Dir einen schönen Aufenthalt in der Stadt des Cäsar und Deiner Sache einen vollen Erfolg vor dem hohen Tribunal. Vielleicht kann er Dir helfen, er hat Freunde, die nicht ohne Namen sind. Er möchte wissen, wann er Dich sehen kann. Antwort: Paulus wünscht Dir Frieden. Du bist immer willkommen, wenn meine bescheidene Wohnung Dich nicht abstößt; ich empfange auch Sklaven. Ich vertraue meiner guten Sache. Ein kraftvoller Geist, oder ein störrischer Jude? Ich werde hingehen.

Gestern nach dem Bad bei diesem Juden. Wir haben gleich gestritten. Sonderbare Mischung aus großer Höflichkeit und einem Gefühl unüberbietbarer Einzigartigkeit. Der Blitz hat nur einmal eingeschlagen. Dort drüben in Judäa. Mein Einwand: Das Licht des Göttlichen ist gebrochen und vielfältig und überall. Er dagegen: Gott ist nicht das Mondlicht, das sich verteilt, ob es mag oder nicht. Das Fundament des Alls ist ein einziger Wille, der irgendwann, irgendwo kommt, wie er es für gut hält, und von dort überallhin dringt. Er meint, das sei in seinem Land geschehen.

Seneca hat mir Protokolle zu lesen gegeben, von Statthaltern und Beamten über die Provinz Syrien. Die Juden immer eine schwierige Nation. Leidenschaft mit ihrem Gott, ausschließliche Geltung. Meine Auffassung: Rom ist für den Pöbel eine Stadt der nützlichen Geister, Rummelplatz, Rennbahn, Zirkus der Götter; die Hauptpersonen: Mars, Bacchus, die olympischen Weiber. Da hat der Jude recht. Alles Unsinn, so vom Göttlichen zu denken. Aber ich: Das eine Wesen Gottes kommt auf vielen Wegen, in unzähligen Gestalten auf die Welt. Der Jude: Der einzige Gott kommt auf einzige Weise.

Er läßt mich nicht los. Als ob ich viel Zeit hätte für solche Probleme. Kaum ist man eine Stunde bei ihm gewesen, hat er schon Widerhaken gesetzt. Seneca spottet über meine Bekanntschaft. Nun kennst du mich so lange, sagte er, aber es mußte erst ein angeklagter Jude herantransportiert werden, um dich zur Philosophie zu verleiten.

Ich sehe keine Frau bei ihm. Junggeselle? Geschieden? Gibt sich auch nicht galant gegen die Damen und Weiber hier. Umschwirren ihn trotzdem. Soll ich ihm eine Sklavin empfehlen?

Valeria war nicht abzuhalten, sie mußte mit. Der Jude verzog keine Miene, als ich sie ihm vorstellte. War sie ihm zu elegant? Dann großer Vortrag, von mir ausgelöst, weil ich fragte, warum er keine Frau bei sich hat. Ja, es stimme, er habe kein Weib, und er sei überzeugt, daß es in den Zeiten, in denen wir leben, besser sei, gar nicht zu heiraten. Der Kosmos stehe nicht mehr lange. Der Tag der Posaune sei vor der Türe. Er wisse, das sei für römische Ohren entsetzlich, denn das Imperium müsse stehen, auf ewigen Füßen, ruhig und sicher; aber das sei Schlaf und Trägheit. Er habe es von seinem Gott, das Wahre, die Zukunft. Die gebe es nicht mehr. Ja, heute noch, morgen noch, wer weiß wie viele Tage, aber bald komme der Untergang. Die Zeiten stürzten ihrem Ende zu. Zeichen gebe es genug dafür.

Er war einen Augenblick verblüfft, weil ich ihm Seneca zitierte: „Bald, bald, wenn der Welt ihr Tag kommen wird durch der Gesetze Zerstörung, wird der südliche Himmel stürzen über alles, was unter seiner Achse liegt und der trockene Nordwind peitscht. Des Poles verlustig wird Titan wankend den Tag verbannen. Des Himmels Königspalast wird stürzend Auf- und Untergang mit sich reißen, und alle Götter gleicherweise irgendein Tod und das Chaos verderben, der Tod zuletzt das Ende über sich selbst verhängen. Welcher Ort wird die Welt aufnehmen?"[1]

Er redete gleich weiter: Was habe es da für einen Sinn,

[1] Seneca, Herkules auf dem Öta 1101–1118.

eine Frau zu nehmen, Kinder zu machen, Familie zu gründen? Im Chaos des Weltenbrandes werde das nur hinderlich sein. Leichtfüßig müsse man werden, windschlüpfrig, schlank und behende, frei vom Gepäck. Die schwer behängten, geschäftigen Menschen, wie könnten die laufen, sich retten? Ich solle an den Ausbruch der Vulkane denken, ob da nicht jeder für sich laufe, um der Lava zu entgehen? Viel wichtiger sei aber, wie man den Augenblick vor dem Auge des Richters auszuhalten vermöge (der natürlich auch ein Jude sein wird). Da werde jeder einen schweren Stand haben.

Er ließ sich nicht unterbrechen, sondern zog einen Papyrus hervor und las (seine Linke hoch erhoben, bei wichtigen Akzenten stark gestikulierend): „Das Beste ist es, wenn ein Mann überhaupt keine Frau berührt. Aber damit ihr nicht in Unzucht fallt, soll jeder Mann seine Ehefrau haben und jede Frau ihren Ehemann. Der Mann soll seine Frau nicht vernachlässigen, und die Frau soll sich ihrem Manne nicht versagen. Das ist keine bindende Vorschrift, sondern ein Zugeständnis. Viel lieber wäre es mir, wenn alle ehelos lebten, wie ich. Aber Gott gab jedem seine besondere Gabe, dem einen diese, dem anderen jene. Den Unverheirateten und Verwitweten sage ich: Es ist am besten, wenn sie meinem Vorbild folgen und allein bleiben. Ich meine also, daß es in der gegenwärtigen Notzeit das beste ist, wenn jemand unverheiratet bleibt. Wenn du eine Frau hast, dann versuche nicht, dich von ihr zu trennen. Aber wenn du keine hast, so bemühe dich auch nicht darum, eine zu finden. Wenn du trotzdem heiratest, ist das keine Sünde, auch für das Mädchen nicht. Ich möchte euch nur die Belastungen ersparen, die auf die Eheleute warten. Denn das müßt ihr wissen: die Tage sind gezählt. Darum nehmt das, was ihr jetzt noch tut oder leidet, nicht zu wichtig.

Wer verheiratet ist, soll innerlich so frei sein, als wäre er unverheiratet. Ich möchte, daß ihr frei von unnötigen Sorgen seid. Wenn einer unverheiratet ist, bemüht er sich, zu leben, wie es dem Herrn gefällt. Aber wenn einer verheiratet ist, sorgt er sich um weltliche Dinge; denn er möchte tun, was seiner Frau gefällt."[2]

Sollte das stimmen, dann bin ich mit Valeria schlechter dran als ohne sie. Eine grobe Meinung. Ich denke die Sache umgekehrt. Was ist das für ein Gott, der in seinen Verehrern solche Stimmungen erzeugt?

Valeria beruhigt. Der Jude sagt nicht: Entlasse die Frau, die du hast, sondern: Nimm dir keine. Außerdem geht er mich nichts an; ich glaube nicht an seinen Gott, und ich habe nicht seine Ängste. Laß ihn reden, liebes Kind. Er hat dich leider ein wenig verzaubert. Sein schwerversunkener Blick läßt dich nicht aus.

Träume eines Einzelgängers. Reduziere das Feld der Verantwortung, wenn schwere Zeiten kommen, wenn der Kosmos zittert und der Stuhl des Richters herangeschoben wird. Wenn er dich fragt, hast du Vorteile. Denke pragmatisch. Richte dich nach den Verhältnissen, und lasse dich selbst nicht aus dem Auge. Du mußt stehen bleiben. Dich soll es nicht umwehen. Du sollst Recht bekommen. Bist du kleiner, ist das Risiko kleiner, bei Sünden ertappt zu werden. Nur deine schmale Person ist der Gegenstand. Das ist überschaubarer. Bist du verheiratet, wieviel Gegenstände, die Frau, die Kinder, die Verwandtschaft, das Vieh, die Sklaven und alles Drumherum. Wieviel Gelegenheit zum Fragen, wie viele Pflichten zur

---

[2] 1 Kor 7,1–3.6–8.26–29.32–33.

Auskunft. Für alles hast du Rechenschaft abzulegen. Du bist gelassener, wenn du nicht an die Welt verknüpft bist. Der Sturz der Welt trifft einen, der schon heraus ist; er hat nicht soviel Anlaß zur Trauer und zur Sorge wie andere. Er ist frei. Er ist allein.

Immer noch der Jude. Er hat Wünsche angesprochen in mir. Ich habe wirklich viel am Hals. Tagelang auf dem Forum. Daheim die Verwaltung. Die aufsässigen Sklaven. Valeria ist ein schwieriges Kind. Aber alles aufgeben? Nicht nur eine Frage, ob ich soll, sondern zuerst, ob ich darf? Die anderen sind auch da, sind auch wer.

Von der Liebe reden, wie dieser Hebräer: Du sollst, du sollst – und wehe dir, deinen Nächsten wie dich selbst, auch die Feinde. Schönes Vokabular. Nur anpacken und binden darf sie dich nicht, die liebe Liebe. Da gibt's Vorbehalte. Sie darf nicht als Frau kommen, nicht als Kind. Da wird sie zu konkret und aufdringlich. Wenn sie dir auf den Leib rückt, ersetzt die Freiheit plötzlich die Liebe.

Wieder Valeria Trost zugesprochen. Wenn die Welt untergeht, nehme ich deine Hand. Wir umarmen uns. Ich halte zu dir. Du bist nicht mein Risiko vor dem Himmel, du bist mein Schatz. Es ist besser, die Katastrophe trifft mich mit dir als ohne dich. Es gibt keinen Zorn, der mich von dir trennen könnte. Das halte ich aus für dich. Ich lache den Gott aus, wie immer er heißen mag, der mich will ohne dich. Ich verachte mich, wenn ich alles von mir strample, sobald es gefährlich wird, daß ich mein Himmlisches davonbringe. Und wäre die Gefahr der Gott selbst. Schlag dir das aus dem Sinn. Der Jude besteht zur Hälfte aus Aufregung und zur Hälfte aus Gedanken. Du hast dich von der Aufregung anstecken lassen.

Wieder allein dort. Frage, wer der Herr sei, von dem er da gesprochen hat. Wieder eine lange Erklärung. Jesus. Ein Gesandter Gottes. Ob ihm der befohlen habe, nicht zu heiraten und anderen davon abzuraten. Nein, er habe keine Vorschrift von Christus , das sei seine eigene Ansicht. Läßt keine Zweifel daran, daß er sie für wichtig hält. Hat auch mit seinem Gott zu tun. Eingebung.

Keine Kinder sollen sein, meint er, es zahlt sich nicht mehr aus, es bindet an die Welt. Gerade das lockt das Ende herbei, macht unser Geschlecht alt. Will er es? Warum und wohin hat er es eilig?

Sich mit einem Menschen verbinden, ins Finstere hinein. Das legt einen Boden, haut eine Bresche ins Schicksal.

Er ist nicht wehleidig, scheint es, hat es aber nicht gern, wenn ihm widersprochen wird. Da holt er gleich seinen Gott hervor und stellt ihn vor sich auf. Dann hält er den Disput für entschieden. Viel Gott ist in ihm. Zuviel? Ich sagte: Weil dir übel zumute ist, weil du die Welt aus deiner Ecke schief siehst, soll es ganz aus sein? Das ist nur dein Auge, dein Geschmack, was dehnst du das aus auf das All? Seine Antwort: Ich bin nichts, Gott spricht in mir, sein Geist gibt mir ein, daher gilt's. Aus. Basta.

Gesetzt der Fall, es geschieht, wie der Hebräer sagt, und der Weltenherr stellt Fragen. Könnte der Richtergott nicht auf die andere Idee kommen? Könnte er fragen:

Warum bist zu zurückgewichen und hast dich abgesondert, als ich es schwarz werden ließ vor deinem Gesicht? Wozu habe ich dir ein Herz gegeben? Daß du es mir unbeschädigt aufbewahrst? Glaubst du, ich dachte nicht daran, als ich dich werden ließ, daß es außer dir noch jemand gibt? Aus dem Stamm deines Leibes könnten Gestalten hervorgehen und in der Verbindung mit dir ein Gebilde werden, das mich erfreut. Woher weißt du, daß ich nur dich will und nicht die anderen mit dir? Hast du nie den Gedanken probiert, ein von den fleischlichen, sinnlichen Händen abgegriffener Mensch könnte mir lieber sein als ein unberührter, aufgesparter? Was soll mir dein drängender Wille, warum glaubst du, daß er mir willkommen ist, auf der Flucht vor meinen Geschöpfen? Ich wollte deinen Samen springen sehen, aber du hältst mich für sparsam und ängstlich. Ein Abenteurer bist du nicht, kein Wagehals, nein, du bist einer, der auf Nummer Sicher geht. Es wäre mir lieber, über deine Sünden der Zuversicht, deine sorgebereiten, abgelenkten und zerstreuten Sinne hinwegsehen zu müssen als über deinen Geist, der sich auf nichts Bündiges einlassen wollte. Aus welcher Erleuchtung hast du den Gedanken, ich sei nicht zu finden, wenn du dich zur Frau, zu den Kindern innig wendest, ich sei nicht eben am Ort der Frau, am Platz der Kinder, ich sei nicht in der Innigkeit, die zwischen euch gehen könnte? Woher vermutest du, ich hielte es für eine Ablenkung von mir, wenn du dich von deinen Lieben gehörig nehmen läßt? Ich habe keine Erleuchtung dieser Art geschickt. Deine Angst um dich selbst hat sich das ausgedacht. Hättest du nur gefallen wollen, den Menschenkindern aus meiner Hand, es hätte mir gefallen; hättest du dein Herz nur geteilt, ausgeteilt, solange Zeit war für dich, und mir, dem Geber aller Teile, die Ehre gemacht, daß ich ein fruchtbarer Gott bin! Du bist nicht in der Welt gewesen. Ich richte dich für deine Hast. Ich schicke dich zurück.

Heute war es viel lockerer als sonst. Er wird bald abreisen. Sein Prozeß verläuft gut. Schöne Gelegenheit, ihm alles zu sagen, was ich gegen seine Doktrin habe. Er lachte sogar dazu, er habe noch keine Zeit gehabt, alle seine Sätze untereinander zu vergleichen. Er habe es schon einmal erlebt, daß ihm alles umgestoßen wurde, was er zu wissen geglaubt hatte. Das sei immer noch möglich. Mehr als vorläufige Andeutungen habe er nicht machen wollen. Gab mir sogar Grüße an Valeria auf.

Dreimal Jesus

Da stand er vom Mahl auf, legte sein Obergewand ab, nahm ein Leinentuch und schlug es sich um. Dann goß er Wasser in das Becken und machte sich daran, seinen Jüngern die Füße zu waschen und sie mit dem Tuch, das er sich umgelegt hatte, abzutrocknen (Joh 13,4–5).

In den Gottesdiensten der Kirche wird alle Jahre einmal das Spiel vom Füßewaschen aufgeführt, wenigstens da und dort. In der Nachahmung Jesu macht der Bischof oder der Pfarrer das Zeichen der Demut und des Dienstes, an dem alle begreifen sollen, wie tief der ewige Sohn herabgekommen ist und daß die tonangebenden Menschen in der Kirche für die anderen da sind. Ob das schon genug ist, um begreifen zu können, was Jesus gemeint hat? Wir machen leider oft die Erfahrung, daß der Ritus uns zwar die kostbarsten Ereignisse aufbewahrt und durch die Folge der Zeiten rettet, aber sie zugleich auch unserem Leben entfernt. Was einmal nichts war als Leben, Ereignis und Gestalt, wird ausgestellt in der guten Stube der Kirche, auf einem heiligen Podium aufgeführt und vorgezeigt, entrückt und schön anzusehen, um so lieber anzusehen und mit der gelösten Freude an alten Sachen, je weniger ihnen erlaubt wird, zur Form und zum Gesetz des eigenen gegenwärtigen Lebens zu werden. Vergessen wir nicht, daß der heilige Brauch dazu benützt werden kann, das, was uns am stärksten ergreifen will, zu bändigen und wegzuhalten. Er verschafft uns auch den Genuß, Gott in ungefährlicher Nähe zu haben. So ist es möglich, das *Leiden Jesu* im *Kult des Mitleids* zu feiern, ohne davon selber ergriffen und verändert zu werden.

Wir verstehen Jesus kaum, wenn wir meinen, er habe mit dem Füßewaschen einen Ritus der Bescheidenheit stiften wollen, um seinen Jüngern, deren Geltungssucht er wohl kannte, eine handgreifliche Mahnung mitzugeben. Das mag durchaus mitschwingen und mitgemeint sein, ist aber nicht die Wahrheit, auf die es ankommt. Die Wahrheit dieser Tat Jesu meint das Ganze, Innen und Außen, Seele und Leib, Inhalt und Form der Gemeinschaft, in der seine Jünger in ihm mit Gott und miteinander verbunden sein sollen. Mit anderen Worten: Wir haben die Geschichte vor uns, in der Jesus seine Gemeinschaft bildet und ihr seine Form gibt.

Wir erkennen das an der grundsätzlichen Art, in der Johannes die Szene einleitet. Die Stunde ist da, der Verräter sitzt schon am Tisch, der Prozeß des Leidens ist in Gang, der Augenblick, in dem sich alles zeigen soll, was Gott ausmacht, ist da: *Er wollte den Seinen bis zuletzt seine Liebe erweisen* (13,1). Das geschieht in dem Bewußtsein, aus der Verbindung mit dem Vater zu handeln, in dem alles, was ist, was geschehen, was gezeigt werden soll, Sinn hat. Es ist die erste und ein für allemal geltende *Stunde der Wahrheit,* die hervorkommt. *Jesus wußte, daß ihm der Vater alles in die Hände gegeben hatte, und er von Gott ausgegangen war und nun zu Gott zurückkehren werde* (13,3). Das *Aus* und *Ein* in Gott ist die Bewegung, an der erscheinen soll, wie die Freunde Jesu zueinander und zu Gott finden können. Vergessen wir nicht, was ausdrücklich gesagt wird: Jesus tut sein Zeichen als der, *dem alles in die Hände gegeben ist.* Er hat die Macht der Wirklichkeit für sich, er ist frei, ihr sein Maß zu geben, er ist nicht hörig und gebunden an die Zustimmung, er muß nicht ankommen wollen. Wenn er gibt, will er nichts für sich gewinnen, er will wirklich geben. Achten wir besonders darauf, von woher das Ganze in Fluß kommt, von wo die Gesinnung ausgeht, damit wir von vornherein den Verdacht abwehren können, es gehe hier um die Lust der Erniedrigung, eine Geste der Ohnmacht, die erst recht dazu benützt wird, den, der sie ansehen muß, mächtig zu binden.

Es ist zu sehen an der Tat. Sie ist nicht beiläufig gewählt, wie man einem zwischendurch die Zigarette anzündet oder die Tür aufmacht, sondern als unterste Möglichkeit. Er tut die Arbeit des ganz gewöhnlichen Sklaven. Sie liegt noch ein Stück unter dem, was einem israelitischen Sklaven zugemutet werden sollte. Im Buch Levitikus heißt es: *Wenn einer deiner Volksgenossen neben dir verarmt und sich dir verkauft, so sollst du ihn keine Sklavenarbeit verrichten lassen, nein, wie ein Tagelöhner, wie ein Beisasse soll er bei dir sein* (25, 39–40).

Die Rabbiner sagen zu dieser Stelle, man dürfe ihnen also keine allzuschweren und keine erniedrigenden Arbeiten auftragen, wie den Mühlstein drehen, dem Herrn die Schuhe ausziehen oder ihm die Füße waschen. Wenn Jesus gerade diesen letzten Dienst tut, wählt er die Arbeit der untersten Menschenklasse der Antike. Seneca hat für seine Zeit die menschliche Geltung der Knechte in der römischen Gesellschaft lebhaft beschrieben: „Ich will andere Grausamkeiten und Unmenschlichkeiten übergehen, wie den Mißbrauch, daß wir sie nicht als Menschen behandeln, sondern als Lasttiere. Wenn wir uns zum Essen gelagert haben, muß einer der Sklaven den Auswurf wegwischen, einer muß unter dem Tisch die Hinterlassenschaft der Betrunkenen tilgen ... Ein anderer, als Mundschenk in feine Weibergewänder gesteckt, hat stets mit seinem Alter zu kämpfen: er kommt aus dem Knabenalter nicht heraus, man holt ihn immer wieder zurück. Von Statur schon ein Krieger, bleibt sein Gesicht glatt, die Barthaare werden abrasiert und ausgerissen. Die ganze Nacht muß er wachbleiben. Trunkenheit und Wollust seiner Herren verlangen abwechselnd seine Dienste. Mann im Schlafzimmer, Knabe beim Gelage."[1]

Die Arbeit des nur benützten Menschen soll für Jesus das Mittel sein, mit dem er Gemeinschaft stiftet. Das Höchste soll zum Untersten gebracht werden und das Letzte in der Achtung der Menschen das Symbol sein für die Beziehung zum Ersten. Das spürt Petrus, und an seiner Weigerung, sich von Jesus die Füße waschen zu lassen, ist zu sehen, daß Jesus allen Ernstes eine Umwertung aller Werte unternimmt. Alles, was Ansehen, Ehre, Rangbewußtsein, ehrwürdige Stufung der heiligen Ordnung, Überlegenheitsgefühl und Macht sein kann, wird nicht einfach aus der Welt geschafft, sondern in eine andere Richtung gebracht und flüssig gemacht. Es stimmt nun nichts mehr von dem, was gilt nach dem natürlichen Gefühl des Abstandes, nicht einmal für den Abstand schlechthin, zu Gott. Die menschliche Phantasie ist gerade stark genug, sich das Oben und Unten auszumalen, die Freiheit anzuschauen als Kraft, sich selbst zu haben und zu behaupten, und den Traum der Überlegenheit zu träumen – wie die ersten Jünger Jesu. Daß der Himmel von unten kommen könnte, daß die Freiheit ganz zu sich kommt, wenn sie fruchtbar wird in der Gemeinschaft, daß nicht die Überwältigung, sondern die Übereinkunft die Wirklichkeit für alle erschließt – das

---

[1] Briefe an Lucilius 47, 5–7.

ist eine Wahrheit, die sich nur ergibt, wenn die Verhältnisse umgestoßen, die Wünsche verwandelt und die Augen umgedreht werden. *Wenn ich dich nicht wasche, gehörst du nicht zu mir* (13,8). Mit Jesus hat nur Gemeinschaft, zu Jesus gehört auf seinem Weg zum Vater nur, wer seinen Sklavendienst annimmt. Das hat eine zweifache Bedeutung: Einmal nämlich, daß wir Gott im Glauben nur recht verstehen, wenn wir ihn ansehen als die Macht, die sich ganz in Beziehung bringen kann und will; und dann, daß der Mensch seine Gemeinschaft nur erreicht, wenn er sich so, nach dieser Form, in Beziehung bringen läßt. Wer die Ungleichen nur gleichmachen will, folgt dem Grundsatz der mächtigen Selbstbehauptung. Erst in der Hingabe in eine Beziehung, die keinen Rest zurückbehält, kommt das Kapital der Wirklichkeit in Fluß.

Als Petrus zu verstehen anfängt, was Jesus will, fällt er noch einmal dem Wunsch anheim, besonders viel von dieser Gemeinschaft, die Jesus mitteilt, für sich zu haben. Er, der an Stelle der Zwölf spricht und steht, will besonders gewaschen werden: *Nicht nur die Füße, sondern auch die Hände und das Haupt* (13,9). Er muß sich sagen lassen, was er nicht versteht, daß Jesus ein Ganzes, Unteilbares, Einziges schenkt, das keine Einteilung zuläßt, weder eine Dosierung, die eine Rangordnung der mehr oder weniger Habenden begründen könnte, noch eine geringere und größere Sicherung in der Gemeinschaft. Das führt hin zur letzten Einsicht, die hier zu gewinnen ist. Die Jünger haben an sich selbst erfahren, was die Gemeinschaft mit Gott in Jesus ist und wie sie geht. Ihre Aufgabe ist es, dafür einzustehen und das mitzuteilen, nicht anders als in der Form, in der sie es empfangen haben. *Ich habe euch ein Vorbild gegeben! Wie ich euch getan habe, so tut auch ihr* (13,15).

Das ist ganz gewiß anders gemeint als etwa: So macht es auch ihr. Wenn ihr einmal im Jahr an Gründonnerstag besonders an das Abendmahl denkt, dann soll die Liturgie der Fußwaschung gehalten werden. *So tut auch ihr* heißt: So lebt miteinander, so soll eure Kirche aussehen, so sollen eure Beziehungen laufen. Übt euch ein in die natürliche Umschmelzung des Willens zur Macht in die Bereitschaft, miteinander umzugehen und miteinander zu sein. Hütet euch, mein Beispiel in den Glasschrein eurer rituellen Bewunderung zu stellen. Laßt euch selbst ergreifen von der Lebensweise, die ich euch mitgeteilt habe. Ergriffen seid ihr nur, wenn ihr selbst zu eurer Zeit und mit euren Mitteln tut, wie ich es getan habe. Seid nicht traurig, wenn das Wort *Demut* darauf nicht ganz passen will, hier geschieht mehr als Demut. Sie ist allzuoft der willkommene Schein für die heimliche Machtlust oder die Hörigkeit. Hier braucht ihr mehr, den Mut, euch loszulassen, euch in die Sache zu verschwenden, überall die Gelegenheit zu sehen, Gemeinschaft anzufangen. Es geht nicht darum, wie klein ihr euch machen könnt, sondern wieviel Gespür ihr habt für den Menschen an der äußersten Grenze seiner Niedrigkeit und Verworfenheit, wieviel Tapferkeit, ihm dorthin nachzugehen, wenigstens in kleinen Schritten.

Wenn unsereiner als Christ dieser Zeit begriffen hätte, worum es geht, und Jesus antworten wollte, müßte er sagen: Ich verstehe, daß du zuerst die Gemeinschaft gewollt hast, in der deine Gegenwart ungeteilt erfahren werden kann. Dein Petrus, Andreas, Johannes und ihre Nachfolger haben die Aufgabe, ihr zu helfen als deine getreuen Zeugen. Ich verstehe, daß es dir widerspricht, wenn sich der Eifer der Oberen für ihre authentische Geltung über die Gemeinschaft stellt. Die Sorge um unsere Rolle, der Streit um den Vorrang und die seltsame Freude an den Titeln und Abzeichen hat uns von dir entfernt und für andere Menschen zum Vorhang gemacht, der Gott verdeckt. Ich verstehe, daß dich die Umkehrung der Werte und die Beleidigung der Machtwünsche in den Tod treiben mußten. Ich kämpfe darum, meine Absichten und Triebe in diese Richtung zu bringen. Eines Tages werde ich dir bewußt nachgehen können in deiner Karriere – dann bin ich ein Geistlicher und weiß: Soviel gelte ich in der Wirklichkeit, wieweit ich mit meinen Kräften fruchtbar werde für die Kommunion. Wir werden alle einmal zu *Oberen,* und unten sind wir schon süchtig. Nicht unten und nicht oben ist es, sondern wie du es gemeint hast. Ich verstehe, daß die Riten zeitweiliger Bescheidenheit sich sehr gut vertragen mit dem Geist der Herrschaft, die nur für sich sein will, sie können sogar ein Mittel der sakralen Geltungssucht werden. Wer dich, deinen Geist, dein Wort, deine Form nur von außen anderen gegenüber verwendet, hat dich nicht, kann dich nicht mitteilen, da mag die ganze Sprache voll sein von Liebe und Demut. Nur der, dessen Form du geworden bist, weiß von dir und kann andere von dir wissen lassen.

Als aber der Hauptmann sah, was da geschah, pries er Gott und sagte: Wirklich, dieser Mann ist ein Gerechter gewesen (Lk 23, 47).

Daß der Kommandant der Hinrichtungsmannschaft aus ehrlichem Herzen ein solches Lob sagt, leuchtet mir ein. Der Mann, den er eben mit seinen Leuten justifiziert hat, macht Eindruck auf ihn. Sie sind mit ihm umgesprungen, wie es üblich war. Ein Soldat der Antike, abgehärtet im Handgemengekrieg, der das Blut immer spritzen sah und keine weitreichenden Waffen hatte, sondern die Gesichter der Umgebrachten aus der Nähe anschauen mußte, wurde nicht gleich weich, wenn es darum ging, ein Todesurteil langsam zu vollstrecken. Es ist kein sentimentales Wort, wenn er jetzt, da es vorüber ist, sagt: Das war ein gerechter Mensch. Ich begreife, daß man langsam spüren kann, was in einem steckt, wenn man sieht, wie er die Tortur aushält. Die Würde, die der Galiläer auf seinem Todesweg gezeigt hat, löst ein Echo im versteckten Gewissen des Soldaten, der an ihm seine Pflicht tun muß. Ich nehme dem Zenturio seinen Ausruf gerne ab.

Aber weniger leicht geht es mir ein, daß wir diese Hinrichtung verehren und eine lange Liturgie dafür gemacht haben. Da ist ein Mann in seinen besten Jahren gehenkt worden, nach einem zweifelhaften Prozeß, ans Kreuz genagelt einen schrecklichen Tod gestorben, freilich wie viele tausend andere vor ihm und nach ihm, aber eben doch auch er furchtbar ums Leben gebracht. Wir sitzen in unseren geheizten Messeheimen und singen über diesen bitteren Tag: *Laß mich deine Leiden singen, dir des Mitleids Opfer bringen.* Das Leiden *singen,* eines anderen Menschen, eines gerechten, der schuldlos stirbt? Daraus ein Fest machen? Die Werkzeuge der Hinrichtung, den Galgen feiern, herumtragen, küssen, das harte *Ruhbett meines Herrn?* Worüber freuen wir uns da? Ich stelle diese Fragen nicht, als ob sie keine wären, sondern nur der Einleitung der Antworten dienen sollen. Ist die rituelle Feier des Leidens Jesu nicht gefährlich? Sie sieht aus wie eine verkehrte, ichsüchtige Freude darüber, daß es einen an unserer Stelle getroffen hat. Das Leiden kann gar nicht mehr zu uns herkommen, wenn es in einer Liturgie wieder aufgeführt wird. Es ist im überlieferten Gefäß der Symbole und der längst gewohnten Erzählung so gut aufgehoben, daß es wie ein Gegenstand betrachtet, wie eine große Leistung im Schmerz angestaunt werden kann. Es ist nicht genug, dagegen die Empfindung des Mitleids zu nennen, die sich ohne Zweifel bei vielen Menschen einstellt, wenn sie am Karfreitag in die Kirche gehen oder wenigstens um 15 Uhr an Jesus denken. Das Mitleid ist keineswegs gleich auf Anhieb die wahre Teilnahme am Leid des anderen. Es kann die Art sein, wie man dieses für sich selbst ausbeutet. „Wenn man bloß aus Mitleid wohltut, so tut man eigentlich sich selbst wohl und nicht dem anderen. Mitleid beruht nicht auf Maximen, sondern auf Affekten; es ist pathologisch. Das fremde Leiden steckt uns an, Mitleid ist Ansteckung."[2] Es kann also sein, daß wir erst dann die rechte Andacht zu Jesus gewinnen, wenn wir ehrlich bezweifeln, ob wir schon wirklich an sein Leiden denken. Vielleicht ist er schon viel weiter gegangen, als unsere Empfindungen reichen wollen.

Der Hauptmann sagt: Da hängt ein gerechter Mensch, und er meint sicher auch, Jesus sei kein Räuber und Bandit wie die zwei neben ihm. Ein Mensch, der sich nichts hat zuschulden kommen lassen. Aber das wäre in lächerlicher Weise zuwenig, dann wäre völlig unbegreiflich, daß er auch da hängen muß. Wenn er nur nichts Böses getan hätte, wenn Jesus ein *braver Mensch* gewesen wäre, der wie ein späterer Christ in der Beichte hätte sagen können: Ich habe niemanden umgebracht, ich habe nicht gestohlen, ich bin ein ordentlicher Mann, und sonst, was man halt so hat – dann wäre er nicht ans Kreuz gekommen, dann hätte er anständig in den bürgerlichen und religiösen Zusammenhang seiner Zeit gepaßt, daß er die gute Nachrede seiner Mitmenschen und

---

[2] Friedrich Nietzsche, Werke 3 (Schlechta) 886.

nicht das Schandurteil verdient hätte. Er hängt aber da und wird gerecht genannt. Er hängt am Galgen mit seiner Gerechtigkeit. Daß der Mann aus Galiläa da oben sterben muß und sterben will, offenbart *sein Recht.* Das muß gesucht und erkannt werden, wenn der Grund dieser Hinrichtung, also *das Zeichen des Kreuzes* wirklich erfaßt werden soll.

Jesus wird der Gerechte genannt, weil er das Rechte gesucht und auf eine so neue Weise dargestellt hat, daß er mit dem, was sein Volk im Namen seines Gottes für das Recht hielt, zusammenstoßen mußte. Jesus hat es gewagt, innerhalb einer bestehenden, von langer heiliger Überlieferung gestützten Religion, nach dem Rechten zu fragen und eine neue Antwort zu geben. Der neue Einsatz, den er macht in der Bewegung Gottes, von der die Geschichte Israels angetrieben ist, bringt ihn gegen die bestehende Wahrheit auf. Es scheint, daß solche Impulse, die das schon Geschehene, das schon Gesagte, das schon Offenbare aufbrechen auf die Zukunft, die darin verborgen liegt, die Feindschaft der getreuen Verwalter hervorrufen müssen. Mit Jesus kommt ein neuer Anstoß in die Gottes- und Menschenwirklichkeit, wie sie Israel ein für allemal zu besitzen gemeint hat. Es tritt nicht der Jesus-Gott gegen den Teufel-Israel, und es wehrt sich nicht der Israel-Gott gegen den Satan-Jesus, es tritt vielmehr Gott gegen Gott mit der ganzen Leidenschaft und dem höchsten Bewußtsein, in seinem Namen zu handeln, auf beiden Seiten. Der Kampf um Gott geschieht nicht als Streit um einen wichtigen Gegenstand der menschlichen Kultur, sondern als Entzweiung im Gottesbewußtsein selbst. Jesus ist daran zugrunde gegangen, und noch die Art seines Todes zeigt hin auf das, was er neu in den überlieferten Gott bringen wollte.

Das sollte nicht eine kleine Verbesserung an einem

sonst fertigen Gemälde sein, eine Retusche da, eine andere Farbe dort, wie es sich jeder gern gefallen läßt, der den Hauptgegenstand seines Besitzes wohlerhalten sieht. Mit Jesus tritt die Gesamtheit des Heiligen, die ganze Gottesgeschichte und in ihr das *Gesicht Gottes selbst* in ein neues Licht. Er erhebt dazu den Anspruch, das Licht nicht von außen an die schon hängenden Bilder heranzutragen, sondern aus diesen selbst hervorgehen zu lassen.

Jesus bringt die vollkommene Befreiung Gottes und des Menschen aus der Idee und Praxis des Besitzes, die Verwandlung des Eigentum-Gottes und des Eigentum-Menschen in einen Gott, der sich schrankenlos mitteilt und daher nicht von den Wünschen besessen werden kann. In einem Menschen, der in die Richtung Gottes gewiesen ist und seine Freiheit nicht zur sorgenvollen Selbstbehauptung, sondern für das Ereignis der Gemeinschaft einsetzen soll. Indem Jesus die Zumutung der Enteignung Gottes und des Menschen ausspricht und lebt, ruft er gegen sich auf den Willen zur Macht, den Neid, die Sorge und die Angst. Jesus wird getötet, weil er das Gesetz dieser Gewalten brechen will. Indem er es bricht auf seine Weise, ohne unter die Norm zu treten, nach der ihn die beleidigten Mächte bekämpfen, ist das Kreuz, an dem er stirbt, das Zeichen der Befreiung und das Symbol der wahren Gerechtigkeit.

Der Hauptmann nennt Jesus einen gerechten Menschen, weil er ihn leiden und sterben gesehen hat. Er sieht auf der Höhe des Lebens Jesu genau das, was dessen Sendung ausgemacht hat, die Form, die so viele Menschen zu ihm hinziehen sollte, die ihn aber für diese Welt zerreißen mußte. Es ist die unbedingte Liebe. Er hat sich nicht gespart und sein Wort nicht einschüchtern lassen vom Widerstand der Menschen, mit denen er zusammentraf. Er hat ihnen nicht zugestimmt, um doch noch die Wohltat ihrer Zustimmung zu genießen. Er hat aber den restlosen Einsatz für sein Wort verbunden mit der ebenso unbedingten Bereitschaft, kein anderes Mittel zu seiner Mitteilung zuzulassen als das, was sein Wort enthält. Daher von Anfang an nicht nur sein Verzicht, sondern die ausdrückliche Zurückweisung der *Gewalt* in allen ihren geistigen, seelischen und körperlichen Formen. Deshalb die Freiheit vom Haß, die diesen Mann von innen her erfüllt. Die Bestimmtheit, mit der er aufgetreten ist, die Leidenschaft, mit der er gesprochen und gestritten hat, ist die andere Seite einer unbegrenzten Kraft, lieber leiden zu wollen als leiden zu lassen.

So durchschneidet das Kreuz wirklich den Traum des Menschen von der *Allmacht* und richtet sich gegen die Praxis der bloßen Stärke. Jesus ist nicht zu verwenden, um die Systeme der Macht zu begründen oder gewaltsame Prozesse zu rechtfertigen. Das gilt für alle, die sich für die Politik der Bewahrung und der Politik der Veränderung seinen starken Namen zunutze machen. Jesus geht auf keine Fahne, weil er die Zukunft Gottes vertritt, in der die fahnenschwingenden Gewalten keine Gegenwart mehr haben. Das gilt aber wohl zuerst für die Gemeinschaft, die sich mit seinem Geist verbunden sieht, die Kirche. Das Kreuz steht oft genug gegen sie, gegen die Methode, Jesus geschichtliche Geltung zu verschaffen, gegen ihre Freude an der Verbindung mit politischen Mächten, gegen die heimliche Bewunderung des Starken und Gewaltigen, gegen die Anbetung des Erfolges, gegen den Trost, den sie sich aus den Zahlen holt, gegen ihre Vergeßlichkeit gegenüber den Opfern an Leib und Seele, die ihren Weg säumen. Kann sich die Kirche mit ihrem System der Ehren, der Rangordnung, im Schmuck ihrer Abzeichen wirklich unter das Kreuz des Galiläers stellen, ohne lächerlich zu werden, eine imposante Lästerung?

Im Leiden und Sterben singt man nicht, höchstens in den Atempausen. Die *Leiden singen* können erst die späteren Menschen. Sie werden es tun entweder als Ausbeuter, dann sind sie froh, daß es ihnen nicht so geht, dann genießen sie die Gefühle der Teilnahme, dann verbalisieren sie vielleicht Solidarität, sogar im heftigen Ton derer, die quasi mitgelitten haben, dann erleben sie das billige Mitleid, dann empfinden sie die eigene Gerechtigkeit, weil sie auf die Bösen zeigen können, die so etwas tun, dann ist der fremde Schmerz eine Fundgrube für die Genüsse an sich selbst. Oder sie werden es tun, mit zögernder Stimme und nicht ganz aus dem vollen Hals, als Menschen, *die Christus angezogen haben,* das heißt, die sich haben in seine Lebensform versetzen lassen. Dann spüren sie die namenlose Freude, daß es *ihn* gibt, an dem sich die Bosheit ausgelaufen hat, ohne ihn gewinnen zu können. Dann ist aus dem mitleidigen Gefühl die weiter hinabgehende Bereitschaft geworden, das Leid des eigenen Lebens so anzunehmen, daß es nicht der Anfang einer neuen Bosheit wird.

Da ging er mit hinein, um bei ihnen zu bleiben. Als er nun mit ihnen zusammen beim Mahl lag, nahm er das Brot, sprach den Mahlsegen, brach es und reichte es ihnen. Da gingen ihnen die Augen auf, und sie erkannten ihn (Lk 24,29–31).

Im Märchen vom Schlaraffenland, das Ludwig Bechstein aufgeschrieben hat, wird geschildert, wie leicht und üppig dort das Essen ist. „Die Fische schwimmen in dem Schlaraffenland obendrauf auf dem Wasser, sind auch schon gebacken oder gesotten und schwimmen ganz nahe am Gestade; wenn aber einer gar zu faul ist und ein echter Schlaraff, der darf nur rufen bst! bst! – so kommen die Fische auch heraus aufs Land spaziert und hüpfen dem guten Schlaraffen in die Hand, daß er sich nicht zu bücken braucht. Das könnt ihr glauben, daß die Vögel dort gebraten in der Luft herumfliegen, Gänse und Truthähne, Tauben und Kapaunen, Lerchen und Krammetvögel, und wenn es zuviel Mühe macht, die Hand darnach auszustrecken, dem fliegen sie schnurstracks ins Maul hinein. Die Spanferkel geraten dort alle Jahre überaus trefflich; sie laufen gebraten umher, und jedes trägt ein Transchiermesser im Rücken, daß, wer da will, sich ein frisches, saftiges Stück abschneiden kann."[3]

Bechstein hat es so erzählt, daß jeder Leser eingeladen wird, die Geschichte in alle möglichen Verhältnisse zu übersetzen. So wäre es gar nicht schwer, daraus die Parabel vom *Reich der billigen Gnade* zu machen und denen, die im geistlichen Leben nur fressen wollen, eine kräftige Moral zu dichten. Ließe man einen religiösen Schlaraffen leise vor sich hinsprechen, müßte etwa folgendes herauskommen: Die Abstände, Herr, die du mir zumutest, bis ich bei dem bin, was ich brauche und mag, sind noch zu groß. Warum willst du, daß ich mich ausstrecke, wenn du doch alles bist und hast und alles gern und umsonst und restlos gibst? Schieb es mir herüber, ganz nahe, schieb es mir hinein, und laß nichts aus, ich will alles, ich will deine Großzügigkeit nicht enttäuschen. Erwecke deine Allmacht, und richte mir alles her, schluckfertig und so, daß es mich nicht drückt, wenn meine Seele davon voll ist. Richte mir her den Sinn des Lebens. Ich finde die Fragerei und das Gestrampel lächer-

[3] Sämtliche Märchen (München 1968) 227–228.

lich, das dafür nötig sein soll. Die Leute machen dich überflüssig mit ihren Kraftakten. Ich werfe mich auf dich mit offener Seele, du brauchst nur hineinzutun in mein Vertrauen. Richte mir den Sinn her, die Erfüllung, das Glück, das gute Gewissen, die Entscheidung, und du selbst mußt dich nicht zubereiten, du bist allezeit vorhanden und genießbar. Du bist am siegreichsten, wenn du mich gleich und ohne weiteres anfüllst.

Das Essen ist eine Form des Tötens und eine Weise, Macht zu gewinnen. Das Vampirische und Kannibalische in den Mahlzeiten, die Menschen miteinander halten, ist nicht so leicht zu entdecken, weil ein gewisser Friede über den Tischen liegt. Das Beißen, Schlucken und Verdauen sammelt die Kräfte des Menschen zu sich selbst. Sie können daher nicht so offen gegen die Konkurrenten losfahren und müssen es auch nicht – vorausgesetzt, daß genug in der Schüssel ist. Aber es ist da, und in den Mahlzeiten haben wir ein Ereignis, in dem sich das Verhältnis des Menschen zur Wirklichkeit, zu den anderen, zu Gott, zur Natur, spiegelt, wie sonst nur mehr im Eros. Es kann die Veranstaltung sein, in der sich der große Sog offenbart, der alles in das eigene Gefäß des Leibes und der Seele hineinzieht. Der Esser, der nichts versteht als sein Bedürfnis, die Lebenskraft zu erhalten und zu vermehren, der selbstverständliche, der das nur von sich selbst aus sieht, betrachtet alles als Nahrung. Nicht nur wie die sinnlichen Schlaraffen das Ferkel, den Fisch und die Butter, sondern auch das Wissen, die Gnade, den Sinn, die Liebe, die Seelenstärke, die Engel, die Menschen und Gott selbst. Der Anspruch ist gemischt aus Faulheit und Gewalttätigkeit, denn einerseits muß alles fertig sein, daß kaum die Öffnung des Leibes und der Seele nötig ist; andererseits muß es ganz dem Esser gehören, sich völlig seiner Substanz einverleiben lassen. Aus dem Winkel der Augen, die so in die Welt schauen, muß jedes andere Wesen auch ein Esser sein, also ein Feind an der Schüssel. Der Mensch ist dem Menschen und Gott ein Wolf, Gott aber vielleicht der Wolf überhaupt, der daher alles Mißtrauen und alle Unterwürfigkeit verdient. Das Religiöse bleibt vom Trieb des *Verzehrens und Genießens* nicht verschont. Ob Gott die Sinn- und Gnadenquelle ist, ob er im alten Stil als gnädige Sicherung des Lebens oder im neuen als der Lieferant der Unendlichkeitserlebnisse behandelt wird – immer tritt er unter das Imperium der Wünsche, unter das Gesetz der Bedürftigen, die ihn gebrauchen. In diesem Essen der Wirklichkeit ereignet sich der schlechte Tod, weil die Nahrung zerstört wird, und der Essende nur sich selbst damit anfüllt.

Jesus hat gewiß nicht aus reinem Zufall gern mit den Menschen gegessen und das, was er bringen wollte, im Mahl anzudeuten versucht. Die Verwandlung des Symbols der wölfischen Gier, des Konsums, des Tötens in ein Zeichen der Gemeinschaft, die aus der freien Mitteilung des Lebens und seiner Mächte entsteht, lag in seinem Sinn. Daß auch die Überwindung des schlimmen Todes damit ausgedrückt werden kann, begreift jeder, der die Gier des Verschlingens selber spürt oder erleiden muß. Daher ist es von großer Bedeutung, daß die *Auferstehung* selber als *Verwandlung des Mahles* dargestellt wird. Das ist zu sehen an dem, was Jesus in das Mahl bringt. Er macht aus dem Mundraub die freie Gabe für den anderen, aus dem wölfischen Kampf das Ereignis der Versöhnung, er macht das Mahl zum Symbol der restlosen Hingabe in den Tod und der daraus kommenden vollkommenen Gemeinschaft mit Gott.

In allen Religionen und Weisheitslehren, die von der *Sorge* bestimmt sind, ist das Standbild des Prometheus aufgerichtet. Er hat nach der Sage den göttlichen Mächten das menschliche Leben entrissen, ihm erst die Möglichkeit eröffnet, das Zutrauen gegeben, sich selbst gewinnen zu können. Was sich zwischen den Menschen abspielt, ist die Nachahmung jenes ersten Raubes. Jesus hat, wie die Evangelien berichten, in seiner Art, mit den Leuten zu essen, gegen die *Gehörigkeit* verstoßen. Das, was sich religiös und gesellschaftlich gehört, richtet sich nach dem, wem was gehört und im strengen Sinn zu eigen ist. Das ist schon zugeteilt, und die Ordnung, in der das Leben läuft, ruht auf dem Wissen, das Heilige und das Menschliche sei da, und dort nicht. Es wird besessen *wie ein Raub,* wie etwas, das erst durch Anmaßung zustande gekommen ist. Jesus löst dieses Wissen um die *Gehörigkeit* auf, indem er, mit dem ganzen Einsatz seiner Person, das Mahl öffnet. Er setzt sich an alle Tische und läßt alle in seiner Runde Platz nehmen. Er war kein flotter Kerl, der es mit allen gut meinen muß bei einem anständigen Tropfen. Es kam aus einer ihn ganz durchstimmenden Überzeugung, daß sich Gottesleben und Menschenleben anders gibt, längst bevor es einer haben will, als freie Gabe und Aufgabe. Daher löst sich für Jesus im Mahl der Krampf des Besitztriebes, weil die Gabe im Fluß ist. Der Becher kreist, und das Brot geht herum. Nun ist nicht andersherum das Ich und das Du verschwunden, sondern ein *Wir* entstanden. Das muß an Jesus so eigentümlich gewesen sein, daß es zu dem Merkmal wurde, an dem er von den Freunden erkannt werden konnte. *Das ist er,* sagten sie eben dann, als er in das unerhörte Neue und Unerwartete über den Tod hinausgegangen war. Da zeigt er sich noch einmal und ein für allemal so. Gott ist nicht schon untergebracht in der Ordnung des *Gehörigen,* sondern er kommt, sein Geist weht, wo er will. Das macht auch den Menschen überall zugänglich und überall beachtenswert als einen, den Gott meint.

Wie Jesus die Verurteilung Gottes und die Verteilung des Menschen – in das Eigentliche und das Nichtige – in Fluß gebracht hat, indem er jenseits von Aneignung und Enteignung ganz auf die Seite der freien Gabe getreten ist, so hat er auch die Mauer der Sünde durchbrochen. Das Böse und seine Überwindung in der Vergebung ist noch einmal eingeteilt in den Vorbehalten, die von den menschlichen Systemen, auch von den religiösen, über die Geschichte gestülpt worden sind. Es ist bekannt, wer wem vergeben kann, wann es geschehen darf, in welcher Form. Es ist noch besser bekannt, wem nicht vergeben werden kann. Das Veto der menschlichen Empfindung für die Vergeltung im Namen der Gerechtigkeit, noch mehr das Verbot, das von dem Bedürfnis nach der Ruhe der Ordnung aufgerichtet war, stand steil gegen Jesus, der mit den Sündern in eine Schüssel griff. Wieder tat er es nicht aus der leichten Freundschaft der Angeheiterten, sondern weil er die Bereitschaft darstellte, die Versöhnung geschehen zu lassen, wo immer und wie oft immer der böse Mensch die Verzweiflung seiner Lage erfährt und sich anrühren läßt von der Kraft der Umstimmung in das Gute. Sie kommt her von einer Quelle, die nicht zu fassen ist, auch nicht in den Grenzen, die von der Bosheit durch die Welt gezogen werden. Für Jesus heißt mit anderen Menschen essen: Frieden machen und Frieden erleben.

Daß die Menschen einander essen, daß sie Gott verzehren, nicht nur die Tiere und Pflanzen, das leuchtet uns ein aus den Anfängen, die wir haben im Bauch der Mutter. Als Kinder nehmen wir ohne weiteres, was die Eltern uns bringen und zuerst erarbeitet haben, auch ihre Nähe, die Hilfe, in der sie ihr Leben aufreiben. Das eine Leben vergeht, damit das andere wird. Wo die Gier den Menschen einnimmt, nimmt er sich das fressende Maul der Natur zum Muster, er wird ein fauler und gewalttätiger Kannibale und frißt wie dieser. Wenn er sich aufwecken läßt zu der Form, in der er *Mensch* heißen darf, lernt er, sich geben, lernt er sterben, erfährt er, wie ihm anderes Leben entgegenkommt und entgegenstirbt. Das Weizenkorn läßt sich fallen und bringt viele Frucht.

So hat Jesus ein Leben für die Gemeinschaft, die allumfassende Communio in das Symbol des Mahles gefaßt. Und er erscheint wieder als der, von dem sie das Brot bekommen, mit dem sie essen. Alles, was er war und was er hatte, hat er gegeben, niemand muß es an sich reißen. Deshalb spürt man auch in der Umgebung Jesu niemals die Luft aus dem Schlaraffenland. Der faulen Gefräßigkeit müßte sein Brot im Munde vertrocknen. Der gewalttätigen Sucht leistet seine Liebe Widerstand. Es kommt zum Mahl erst auf dem Weg nach Emmaus, den sie gehen, während er ihre Zweifel und Fragen unerkannt begleitet. Er hat alles getan, aber damit fängt das Leben an, das zu tun ist.

An Abraham wegen Isaaks Opferung

Ich frage nicht nach den Gesetzen deiner Zeit, ich lasse beiseite, was die Sitten deiner Epoche gewesen sein mögen und wie die Kultur deiner Welt ausgesehen hat. Ich frage deine Seele und deine Liebe: Warum hast du *Ihm* nicht widerstanden? Warum hast du dein Gesicht nicht hart gemacht für das Leben deines Sohnes, daß es ein Schild geworden wäre, hinter dem er wenigstens für den Augenblick deines Trotzes hätte geborgen sein können? Warum ist die große Geschichte nicht anders geworden? Warum war es nicht möglich, nein zu sagen zu *Seiner* Forderung? Gab es keinen Augenblick in diesen Nächten und Tagen, während du auf den Opferberg zogst, da in dir der Wille aufstand, haltzumachen? Nicht, um an einer Wegbiegung im Schutz eines Bühels auf den Heimweg einzuschwenken, ohne was zu sagen, froh, mit einer kleinen Feigheit aus dieser Anstrengung wegzukommen, sondern haltzumachen, um gegen Morija hin die heilige Beteuerung auszusprechen, so laut und klar, wie der Befehl zu hören war, die Beteuerung: *Dieses Kind soll unverletzt bleiben!* Gab es keinen Augenblick, da in dir der Mut wuchs, dich mit diesem Nein *Seinem* Zorn, oder was immer es in der hohen Brust auslösen mochte, entgegenzuwerfen? Großer Vater, hat denn der allein schon die Wucht des unendlichen Willens ermessen, der sich von ihm den Schmerz der Forderung und des Verzichts antun läßt? Der unter dem Druck des himmlischen Befehls alles, was auf Erden Leben, Liebe, Neigung, Gut und Schön heißt, hinwirft?

Ich höre von allen Seiten Lob für dein schnelles, schweigendes Folgen auf das Wort: Komm, opfere, schlachte, vernichte! Aber ich spüre in mir eine Hemmung, dich in gleicher Weise zu bewundern, obwohl ich mir im Glauben, in allem, was meine Beziehung zu *Ihm* ausmacht, an dir ein Beispiel nehmen soll. Ich gestehe dir meinen Unmut und die Ablehnung deiner Unterwerfung ohne weiteres. Und ich wiederhole: Warum ist es gut, tapfer und heilig, für alles Menschengedenken vorbildlich, dem stärkeren Willen so nachzugeben, daß einer ausweicht und auf die Güter greift, das Leben, gar auf die Kinder, die er haben will? Warst damals nicht du gefragt, du allein, nicht ein Opferstück neben dir? War nicht gefragt deine Stärke, deine Treue zu dem Kind aus deinem Samen, gerade in dem Augenblick, wo die höchste Macht, die wir in der Wirklichkeit ahnen, vernichtend gegen Isaak herankam? War das nicht die Herzprobe, ob du stehst, du Vater Abraham, für dein Kind und vor deinem Kind? War es nicht die Gewissensfrage, ob du Manns und Mensch genug bist, in dieser Herausforderung nicht *Sein* Wort einfach an dem ausgehen zu lassen, der mit seinem jungen Leben an dich gebunden war? Ist es in Wahrheit, vor dem Leib deines gefesselten Kindes gefragt, groß, in dieser Weise nach dem Schwachen zu greifen, um dem Allerstärksten den Willen zu tun?

Hätte *Er* dich in der Minute, da du *Nein* sagtest, zerschmettert, deinen Staub in den Wind geblasen, wäre dein Sohn vom gleichen Blitz verbrannt worden, und wäre dann nichts gewesen auf dem Gipfel der Opferung als die Stille eures Nichts, hätte nicht in dieser Stille dein Name ewig werden müssen und die Ehre deines Namens groß für alles Andenken? Dann hätte es in der Erzählung deines Lebens heißen können: Er hat sich in seiner Ohnmacht bewährt, er hat den Mut des Hirten gezeigt, der sich nicht vertreiben läßt von der Behütung des Lebens, das ihm anvertraut ist. Er hat sich nicht auf die Not des Befehles ausgeredet; er ist ein wahrer Vater gewesen, ein Standbild der Verläßlichkeit, der Treue, der Liebe und der Achtsamkeit auf das Leben. Noch in dieser äußersten Folge deiner Weigerung wäre das alles und die Bedeutung für den Glauben dazu wahrer geworden, als es geschah durch die rasche Bereitschaft, das Messer zu nehmen. Wie hätten sich an dem Vater, der sich für das Kind vernichten ließ, die späteren Geschlechter aufgerichtet und in Zeiten der Feigheit, da immer unter höchstem Druck das Schwache geliefert wird, durch die Katastrophe von Morija richten lassen müssen und daran erinnern, daß es vor aller Wirklichkeit nicht recht ist, so zu gehorchen, so zu opfern! Keiner von den vielen, vielen, die ihre Lust im Gehorsam befriedigen, dabei alles hingeben und schlachten, die demütigen Gewalttäter, die, unter den großen Himmel geduckt, fügsam überallhin treten und schlagen, wie und wo es befohlen ist, keiner hätte sich auf dich berufen, keiner von dir sich das entsetzliche Recht geben lassen können, an dem so viele verblutet sind, das beliebte Recht auf den blinden Gehorsam.

Ich höre freilich den Einwand, der aus dem Schweigen deiner Bereitschaft kommt: *Gott.* Wenn es einmal im dämmernden Menschenleben so helle Augenblicke, so klare Auskünfte gebe, wenn endlich *Sein* Wille ohne allen Schatten vor einem Herzen stehe, wenn es Gottes Wille ist, dann gebe es kein Zögern. Dann, höre ich dich sagen, sei einer befreit von allem Wenn und Aber, bleibe ihm alles erspart, was die Menschen die Suche nach dem

Guten nennen, in der sie gewöhnlich mehr Schweiß als Vernunft aufbrauchen. Dem größten Willen gegenüber, der auch der wahrste ist, zähle nur eines: der Gehorsam. So allein habe man Garantie, auf jeden Fall, mag die Order lauten, wie sie will, der Wirklichkeit um und um gerecht zu werden. Alles andere sei Unrecht und Unsinn. Unrecht, weil man dort, bei *Ihm,* die Wahrheit und das Gute ganz wirklich ist. Wer könnte mehr wissen und Besseres tun als *Er?* Unsinn sei alles andere, weil es keine Aussicht gibt, dagegen bestehen zu können. Wenn einer ganz und gar hängt, darf er nicht gegen den Faden strampeln, der ihn hält. Wenn *Er* so mit seinem Wort auf einen Menschen losfährt, dann geht es um *Ihn* und um diesen Menschen und um sonst gar nichts, die reine Zündung in Gott, unvergleichlich, einmalig, weil sie hinausfährt über alles, was in der Welt allgemeines Gesetz und verständliche Liebe ist.

Gegen diese Rede, großer Vater, komme ich noch einmal mit meiner Frage. Denn ich sehe in deiner Geschichte, daß dir nur eines klar geworden ist: *Er will es.* Ich dringe nicht weiter in dich, um zu erfahren, wie diese Helle in dir zustande gekommen ist. Ich nehme an, sie war so stark, daß alles andere vor ihr kein Recht hatte. Es fällt mir schwer zu glauben, sie sei genug gewesen, um prompt ja zu sagen und mit Isaak auf den Berg ziehen zu können. Ging an diesem Licht nicht etwas ab? Ich vermisse deine Aufmerksamkeit auf ein anderes, das neben dir wuchs, das einmal im Samen aus deinem Leib geflossen ist, unscheinbar, dein Kind. Das eine *Seiner* Worte: Abraham, schlachte! war dir steil vom Himmel gefallen und stand übermächtig in dir. Aber längst war ein anderes Licht für dich auf der Welt, Isaak. Wenn du auch für seine Entstehung alles nennen kannst, was ihr, Sara und du, dafür getan habt in der Umarmung, im Tragen, Gebären und Aufziehen der Frucht – war sie nicht von Anfang an wie ein Wunder in deinen Zelten? Stand in diesem Kind nicht *Sein* leibhaftiger Wille vor dir, der sich fruchtbar in deiner Frau und in dir niedergelassen hatte, aber eben doch ganz von oben war? Wenn es so um dich ging, um Herz und Gewissen, wenn alles zwischen dir und *Ihm* auf dem Spiele stand, war diese unendliche Empfindung an dir selbst weit genug für die Vermutung, es könne in anderen Menschen deiner Sippe auch die unbedingte Sache im Spiel sein? Es könne dir verwehrt sein, die Namen neben dir zum Material zu machen, aus dem deine einmalige Geschichte zusammengesetzt werden soll?

Ich vermisse deine Aufmerksamkeit auf den Willen deines Kindes, das Gespür, Isaak könne so einzig und unersetzlich sein wie du selbst; die Ahnung, sein Leben in Fleisch und Blut sei Gottes allerheiligster Wille, daher sei es nicht anzurühren. Es gilt nicht, was ein Anwalt deines Verhaltens dagegen sagen könnte: Du seist eben die Blüte deines Stammes, der Erweckte unter den dumpfen, unzufriedenen und verschlafenen Leuten, der Reife unter den Unmündigen, der Erkennende unter den Naiven, der Gestaltende unter den Getriebenen gewesen. Daher gebühre dir dieser Vorrang und seiest du dir allein Dank und Entschluß schuldig gewesen. Wenn du je der Stärkere warst in deinem Clan, was niemand bezweifeln wird, dann bist du wohl auch für dich, aber nicht allein für dich gestanden. Dann hat dich *Er* inmitten deiner schwächeren Leute und vor allem neben deinem Sohn aufgepflanzt, damit du, im schärferen Licht deines Bewußtseins, das unüberhörbare Signal ihrer Menschenwürde vernehmen und hörbar in die Welt setzen solltest.

Isaak hatte sein Leben noch nicht gewonnen, seine

Seele noch nicht in sich entdeckt, seine Kräfte noch nicht für sich gefaßt, er wußte noch nicht, wer er war unter dem Himmel, in den Zelten, vor dir, für sich selbst. Vielleicht gab es in ihm den Leichtsinn der Jugend, der mit dem Leben um sich wirft, vielleicht war in ihm eine Bereitschaft, in dieses Abenteuer einzustimmen und sich liefern zu lassen? Statt sie auszunützen für deine Darbringung, hättest du ihm die Garantie sein müssen gegen die Schwäche seines Lebens, das väterlich vorausgehende Licht, in dem er, jetzt geschützt, sich einmal selbst entdecken und gewinnen sollte. Die stumme, hilflose Gegenwart deines Kindes hätte genügen müssen, dich gegen das andere Wort stutzig zu machen. Warum hast du nicht gezweifelt, wo dir *Sein* Wille in zweifacher Form auf der Welt stand? Sollte es nicht erlaubt sein zu zögern für einen Menschen, der nur einen kleinen Teil seiner Welt anschauen und noch viel weniger überblikken kann, wenn Gottes Wort selbst den Widerspruch enthält, wenn einer seiner Befehle gegen einen anderen steht?

Sollte es nicht die Pflicht sein für Menschen deines Schlages, die Spürsinn genug haben und Courage dazu, in solchen Augenblicken das Veto zu erkennen, nach dem einen Gotteswillen zu greifen, ohne den anderen festzuhalten? Du hast das Seil des Glaubens nur an einem Ende gefaßt und hättest doch beides, Gott und dein Kind, zu halten gehabt. Sollte nicht ein Mensch wie Abraham dazu berufen sein, im Gehorsam Gott von den weltlichen Herren unterscheiden zu lernen? Sie erlauben, wenn sie strikt reden, nur eines: auf der Stelle nichts anderes und in keinem anderen Sinn zu tun, als was sie jetzt, eben jetzt gesagt haben. *Er* aber, von dem alles ist, ist damit nicht zu fassen. Er reißt im Widerspruch den Menschen über den einfachen Gehorsam hinaus, jenseits. Er mutet ihm zu, das Ja mit dem Nein zu verbinden, er gestattet ihm den Zweifel, er räumt ihm eine Zeit des Zögerns ein, er wirft ihn in den bitteren Kampf der Überlegung, er regt ihn auf gegen sich selbst. Denn das ist die Größe dessen, der allein groß ist, daß er seine Macht dazu verwendet, den Menschen und alle Wesen nach ihrem Maß zu sich selbst herauszulocken.

Ich sage nicht: Hast du das begriffen? Da wäre ich einer von den Schulmeistern, die ich mir vom Leibe halte, so weit es geht. Glaube nicht, ich wollte dich aus einem besseren Wissen verbessern. Ich sage nur: Könnte ich doch auch dieses an dir sehen, gewaltiger Mann! Denn an wem möchte ich es lieber? Redet so der große, allen vorlebende und vorbildliche Vater des Glaubens? Was ist es denn wert, gehorcht zu haben, weil es sowieso nicht anders ging, weil ein Kilimandscharo an Macht auf den Willen drückte? Ist das die Ehre, die das zweite Gebot, das von *Seinem* Berg stammt, für *Ihn* verlangt? Wer kann sagen, er habe das Herz der Gottheit erreicht, er habe es gewonnen, er sei dem allerhöchsten Sinn gerecht geworden, ehe er die härteste und höchste Zumutung dahin gerichtet und dort den Kampf gewagt hat, wo er allein am Platz ist und seine ewige Form hat: im Nein zu Gott um Gottes willen? Wer weiß schon gleich im ersten Augenblick, da er den Befehl hört, ob *Sein* Wort nicht auch die Herausforderung zum Widerstand enthält? Könnte es nicht sein, daß *Er* den Menschen dorthin drängt, wo er selber erkennen und tun muß, was recht ist? Liegt die Meinung, die *Er* schöpferisch vom Menschen hat, vielleicht jenseits seines herrischen So und So? Kann der schnelle Gehorsam nicht auch vor Gott, und gerade vor ihm, eine Feigheit und Flucht sein, ein Verrat an dem, was *Er* geschenkt hat? Wer weiß, ob einer wirklich an ein Ziel kommt, der nichts ausstehen will, sondern gleich folgt? Darum ist mir, als seiest du zu schnell still geworden, hättest die Stimme gar nicht hervorgeholt, die *Er* in dich gelegt hat, hättest Gott mit Gott erstickt, statt Gott an Gott größer zu erleben.

Woher wußtest du, daß sein Befehl nicht verträglich war mit der Herausforderung deiner Dankbarkeit und deines Stolzes, selbst ein feierliches Ja sagen zu können über ein kleines, kurzes und wehrloses irdisches Leben? Hast du *Ihm* Ehre gemacht? Muß *Ihm* nicht Rahel mehr gefallen haben, von der es heißt: „Sie weint um ihre Kinder, sie will sich nicht trösten lassen wegen ihrer Kinder: ach, sie sind nicht mehr da!" (Jer 31,15)? Sie besteht auf dem Recht ihrer Kinder, nicht für später, sondern für jetzt; im Augenblick gilt es etwas, oder es gilt nichts. Warum hast du nicht gesagt: *Nimm mich und erfreue Dich an meinem Blut?* Dein Lob ist weitherum und seit langem zu hören: Keiner war so groß wie Abraham, denn er hat sein Liebstes geopfert, den Sohn, der seine Zukunft war. Aber wie hast du ihn besessen, daß du ihn so geben konntest? War er wirklich jemals *dein* gewesen, wie ein Mensch würdig eines anderen sein kann, ein Kind seinem Vater angehören kann?

Abrahams Größe ist ein Ärgernis. Er hat sich zu leicht gebogen. Größer wäre er gewesen und ein größerer Zeuge für Gott, wenn er in dieser Stunde alles gewagt hätte, seine eigene Vernichtung, das Rasen Gottes, die Nacht des Chaos. Er hätte die kleine Flamme der Menschenliebe, die *Er* einmal angezündet hat, geehrt, das bißchen Leben eines Kindes wenigstens geachtet gegen die Lust Gottes, die es haben wollte. War der Befehl Gottes an dich nicht die heimliche Frage: Wie schnell gibt mein lieber Knecht Abraham einen Menschen her, wie lange braucht er, bis er sein Kind ausliefert? Darum fällt es mir schwer zu glauben, dein Nein wäre das größte Unrecht gewesen, das sich denken läßt.

Die reine Zündung in Gott! Mußte uns denn gerade das vorgemacht werden, was wir längst und sehr gut können, zu sagen: Es ist eben ein für allemal so, weil ich es will! Die heilige Raserei des Wollens, nur um seiner selbst willen, hat von deinem Berg aus eine schauerliche Bestätigung gefunden. Wenn nun einer kommt und schreit, er habe einen Auftrag, er sei gesendet, er sei berufen, die Verhältnisse zu ändern, es liege an ihm, unbedingt natürlich, die Menschen umzukrempeln, mehr noch, wenn einer kommt und, ohne weitere Gründe anzugeben, über die Welt herfällt, wo er sie erwischt, er kann in dieser fraglosen und wortlosen Praxis alles an sich reißen. Aber alle Opfer auf seinem Weg sind notwendig und haben kein Recht zur Klage, denn er *muß*. Wie soll ihm ein Zweifelnder im Namen Abrahams entgegentreten können?

Wer kann ermessen – kannst du es? –, welches Licht sich über Morija erhoben hätte, wenn Gott der Herausforderung durch den Knecht hätte antworten müssen? Hast du das Unmögliche erwartet, er werde dein *Nein* nehmen und daraus eine Zukunft machen, er werde es ehren um der Liebe willen, die du seinem Geschöpf und deinem Kind entgegenbringst? Oder hast du doch nur das leichter Mögliche gewählt, einem Allergrößten zu folgen, auf ihn alles abzuladen, was Verantwortung und Hoffnung heißt? War es nicht näherliegend, zu erwarten, Gott werde, getröstet von deinem opfervollen Ja, eifrig nach Wegen suchen, um dich von deinem Verlust zu befreien, als zu hoffen, er werde dein *Nein* ertragen und in Liebe zu fassen wissen, für sich und deinen Sohn? Nach den menschlichen Maßstäben, die auch du an Gott gelegt hast, konntest du nicht zweifeln, was für Gewicht und Gefahr sie enthalten. Nun lag alles an *Ihm*, und der Glanz seines Wohlgefallens gehörte dir, samt der Ehre, die von den Menschen auf dich gehäuft wurde. Aber du hast nicht alles, du hast schon gar nicht das Schwerste auf dich genommen. Du hast nicht wirklich gestritten mit Gott um die Bagatelle des Lebens, das deinem Kind gehörte. Du bist draußen geblieben. Wenn dich alle vor mein Gemüt rücken und sagen: Schau nur auf Abraham, handle, wie er getan hat, sei seines Geistes und Glaubens, dann antwortet in mir der Zweifel, den ich jetzt so ausführlich vor dich gebracht habe, und ich meine dich damit zu ehren.

Laß mich deine Leiden nicht singen

Der Vierviertelakt, das schunkelnde Lied. Die Gemeinde, gemütlich und gesund in den geheizten Bänken. Ich, der Feier-Mann, und du. Deine Schmerzen, Gotteslamm, fließend in der Melodie:

> Laß mich deine Leiden singen,
> dir des Mitleids Opfer bringen,
> unverschuldtes Gotteslamm,
> das von mir die Sünden nahm[1].

Immer dieses: wenn etwas ist, wenn Gott lebt, wenn er sich rührt, wenn es zuckt zwischen Himmel und Erde, dann unseretwegen, damit die Sinntöpfe vollaufen, die wir aufgestellt haben. Nichts kann sein für sich. Diese Vorgabe bekommt nicht einmal Gott von uns. Wie sollte sonst noch etwas solche Gnade verdienen? Wir verweigern sie allen.

Einmal möchte ich dir das zurückgegeben haben, Meister. Nicht aus Stolz, nicht weil ich dein Schicksal mißachte. Ich muß es mir einmal entreißen, das Kapital, das aus dir gewonnen wurde, die Gnaden aus deinem Blut, alle Versöhnungen, alle Leistungen, die meine Bedürfnisse, verschwistert mit dem allmächtigen Hunger der anderen, dir abgezapft haben.

Ich will dir keine Wehleidigkeit andichten. Du hast

[1] Gotteslob Nr. 821

sie nicht gehabt. Den Appetit möchte ich zügeln, die Reime zurückhalten, die schöne Kadenz bremsen, wenn ich dich am Kreuz über die Leute hebe.

Wir Christen, sollten wir nicht geboren sein und geformt aus der Intimität des Wissens um dich, sollte uns nicht der größte Respekt beherrschen vor dem, was du bist, die einfache Anschauung deiner Bewegungen? Wir haben in der Tat eine gewaltige Sprache der Liebe, des Dienstes, der Rücksichtnahme und Hingabe. Aber sie ist pervers verschmolzen mit der Bereitschaft, das Opfer anderer in Rechnung zu setzen. Das Blut gehört ins Glückskalkül.

Jesus, was bleibt von dir, wenn wir alles wegnehmen, was du für uns zu sein hast, du Erlöser und Licht, Heiland und Schlachttier und Unterpfand? Bist du hinter diesen Funktionen auch noch einer? Bist du jemand? Würdest du uns auch freuen ohne deine Arbeit für uns? Fiele deine Gestalt ins Leere zusammen, wenn wir dich deiner Kleider beraubten, die du für uns trägst?

Ich will auf eine Weile austreten aus den Opferverwertungsgenossenschaften, wenigstens für eine Zeit, die genug ist, um dich zu entdecken, hinter allem *Für-Mich* und *Wegen-Mir.* Irgendwo in mir spüre ich den Appell, den Genuß deiner Erlösung zu unterbrechen. In der unendlichen Gewöhnung an deine Leiden werden mir die Schmerzen der Welt, die vermeidbaren, unsinnigen, selbstverständlich.

Ich bin Theologe, und ohne weiteres verspeise ich dich in der Lehre, im Geistmaul der Theorien. Du paßt so gut hinein. Ich finde Gründe auf Gründe, die deine Katastrophe, deine Schreie notwendig machen. Ich bin imstande, deine Todesangst prinzipiell zu deduzieren. Große Deuter helfen mir dabei. Dann Jesus, hängst du hilfloser als damals am Holz, fester angenagelt in meiner

Logik. Da kannst du nicht mehr herunter. Ich will jetzt eine Zeitlang nicht wissen, warum es sein mußte, ob es einen Plan gab, dich so einzusetzen und zu benützen. Ich will mein Deute-Maul schließen. Du sollst es sein, du am Holz.

Hast du dich wirklich so hingegeben, wie es dir angedacht wird? Die rauschige Innigkeit zu deinen Quälern kanntest du nicht. Die Sadduzäer standen in der Kälte deines Blickes. Du machtest dein Angebot an Pilatus, für ihn dazusein. Ich spüre lesend deine Ungeduld, unter Menschen leben zu müssen, die dich nicht begriffen. Du wußtest um dich, unabhängig von deiner Arbeit. Beim Beten warst du allein. Ich möchte das einmal respektieren. Jesus sagen. Sonst nichts, gar nichts. Keinen Gedanken hinzufügen. Dich sein lassen die Zeit zwischen zwei zehrenden Rufen an deine Macht.

Ich habe es nötig innezuhalten. Ich bin ein Enteigner. Unaufhörlich rasselt in mir die Pumpe, die an allem saugt, was mich umgibt. Sinn und Gnade und Glück, Bestätigung und Erhebung müssen her. Ich pumpe und zerstöre die Quellen, aus denen mein Durst gestillt werden könnte, wenn ich ihn nicht herrschen ließe. Wie sollte ich gerade dich dazu erniedrigen, der große Anstifter und Rechtgeber für meine Ausbeutegelüste zu sein? Ergibt sich der Sinn nicht erst, wenn wir die Kraft haben, uns zu erblicken, ehe wir aufeinander einfallen und uns gebrauchen? Ich sehe dich, so wie du bist, du siehst mich. Die Berührung deines Fußes, das Hören deines Wortes gibt mir zu spüren: Da stehst du und bist.

Eines Tages stehe ich vor dem Bett, auf dem mein Vater liegt und sterben wird. Er bittet mich. Ich hebe ihn heraus auf den Leibstuhl. Was habe ich da in den Armen? Kaum hält es noch zusammen, das Knochenwerk, das wenige Menschenfleisch. Und Scham und Schmerzen, Hilflosigkeit und Müdigkeit zum Tod, zerlegt und verschrumpelt. Da fällst du mir ein, Jesus, in der Form, in der man dich ans Holz gebracht hat. Ich fange nicht an zu singen, ich sage nichts. Aber meinen Vater tragend, ahne ich: Du gehörst zu ihm. Die Fraktur seines Lebens ist eingelegt in deinen Leib.

Jesus, du Baum und Schatten, in dem ich den zerbrechenden Mann niederlege. Diese schweigende Melodie ist in mir.

Der Hundertfache

Eine geträumte Predigt

Da saßen einige Frauen, Großmütter und Mädchen, und Kinder waren zu sehen, neben ihnen ein Bräutigam, schön gekleidet und mit gelben Blumen besteckt. Sie hatten alle irgendein Merkmal an sich, diesen Zug im Gesicht, ein Stück Gewand, das von anderen abstach, eine auffallende Frisur. Die anderen aber, die meisten in der Kapelle, unterschieden sich nicht. Ein Gesicht wie das andere, Haare und Gewand in einer Form und in einer Farbe, als hätte man einen einzigen multipliziert. Das Auge glitt an ihnen entlang und wurde von keiner Eigenart angehalten, einerlei die Augen, der Mund, die Nase und Ohren. Wer Mann oder Frau, jung oder alt, schön oder häßlich, war nicht zu erkennen, verwischt ins Allgemeine, jeder wie ein Teilchen einer großen Einheit, leicht zu verwechseln und leicht zu vergleichen, jedenfalls vertauschbar.

Plötzlich sehe ich mich, obwohl ich zugleich hinten unter der Empore sitze, auf der Kanzel stehen. Ich halte eine große Bibel, in rotes Leder gebunden. Ich blättere, aber sie hat nur eine Seite. Auf der Seite steht ein einziger Satz. Ohne auf die Leute zu blicken, lese ich den Text leise vor mich hin. Ich muß ihn genau erfassen, denn nun soll ich darüber die Predigt halten. Es war keine Zeit zur Vorbereitung, weil es in dieser Kapelle Brauch ist, dem Redner erst, wenn er oben steht, die Ein-Satz-Bibel zu reichen, mit wechselnden Sätzen natürlich, aber immer ist es nur einer, und es gibt keine Möglichkeit auszuweichen. Also, was steht da: „Jesus antwortete und sprach: Wahrlich, ich sage euch: Es ist niemand, so er verläßt Haus oder Brüder oder Schwestern oder Vater oder Mutter oder Weib oder Kinder oder Äcker um meinetwillen und um des Evangeliums willen, der nicht hundertfältig dafür empfange" (Mk 10, 29–30).

Ich unter der Empore: Jetzt bist du gefangen, und mit diesem Vers. Geschieht dir recht, wo du weißt, was die Bibel für ein Buch ist! Da mußt du doch auf jeder Seite auf das Unmögliche gefaßt sein. Fang an. Die Leute hüsteln schon.

Ich auf der Kanzel: Keine Panik. Ich mache langsam das Buch zu, ich lege es bedächtig zur Seite, ordne ein wenig, was sonst noch auf dem hohen Pult liegt. Räuspern, das Taschentuch noch einmal holen, die Stola zurechtrücken. Und indessen schaue ich die Menschen an, die mein Publikum sind.

Ich unter der Empore: Schau sie gut an. Du hast ihnen allerhand zu erklären, das Hundertfache von ihnen, das der kriegt, der sie verläßt. Da sitzen Kinder, Väter, Mütter, Frauen, graue Leute. Ich sehe es von hinten, an ihrem Rücken. Die wissen alle, wie es ist, wenn man multipliziert und dividiert wird. Jeder von ihnen ist schon einmal verrechnet worden gegen großmächtige Sachen. Jeder von ihnen, sogar die Kinder wissen es, hat es schon einmal gehört: zwanzig Maier werden gegeben für einen Schwendenwein, hundert Alltagsmenschen für einen Star, tausend Durchschnittsbürger für einen Helden. Los, mach ihnen die christliche Rechnung plausibel!

Ich auf der Kanzel: Liebe Christen! Wieder einmal, wie schon so oft, gibt uns das Bibelwort für den heutigen Tag eine gewaltige Antwort. Sie ist allerdings nicht leicht zu verstehen, das gebe ich zu.

Ich unter der Empore: Komm doch zur Sache! Daß die Bibel schwierig ist und gewaltige Sätze sagt – jeden Sonntag plauderst du den Leuten diese Weisheit auf den Leib. Fromme Floskeln, die deine Feigheit vertuschen. Los, wie geht die christliche Rechnung?

Ich auf der Kanzel: Wenn uns das Wort zunächst erschreckt, liebe Christen, das Wort vom Verlassen aller lieben, verwandten Menschen, dann müssen wir vor allem bedenken, erstens wer es spricht, zweitens zu wessen Gunsten Frau, Mann, Mutter, Kinder und Freunde verlassen werden sollen. Beide Male ist es Jesus. Das macht uns das Wort von vornherein zugänglicher, nimmt ihm den Schrecken. Wenn es Jesus ist, der das für sich fordert, dann, so vermuten wir, wird es schon seinen guten Sinn haben.

Ich unter der Empore: Ach was. Als ob Jesus mit solchen Sätzen nicht auch verdächtigt werden könnte, als ob er gar soviel Vorschuß hätte bei den Leuten. Du klatschst ihnen den Namen Jesus ins Gesicht, und schon soll ihnen wohler sein. Zeig ihnen, was er meint, was aus ihnen wird, wenn die hundertfache Rechnung angestellt wird, zeig ihnen das Gesicht des Rechners, seinen Sinn, seine Wahrheit, sein Kalkül. Dieses zu fürchten haben sie genug Anlaß.

Ich auf der Kanzel: Jesus nämlich allein darf das für sich verlangen. Er ist der Unbedingte, ihm gegenüber muß man alles hintansetzen. Die Zahl 100 ist für ihn ein schwaches, bescheidenes Symbol. Dem Sohn Gottes muß jede Liebe geopfert werden, wenn er ganz geliebt werden soll. Er zieht alles an sich.

Ich unter der Empore: Eben, das fürchten deine Zuhörer doch. Sie haben alle schon zu viele Rechnungen erlitten. Wenn schon nicht die Kinder, die Erwachsenen haben doch eine Ahnung von den Ergebnissen der Geschichte. Die riesigen Hundertfachen, die da aufgetreten sind, alles an sich genommen, auf sich bezogen und die Millionen für sich verwendet haben. Die Masse der Menschen degradiert zu Nützlingen, dafür da, um zu … Die Schubraupe der Entwicklung, des Fortschritts mit dem Menschenmaterial auf der Schaufel. Die Liegengelassenen, die Übriggebliebenen, weil die Liebhaber zu größeren Lüsten davongegangen sind. Schädelstätte, Knochenfeld, Steppe voller Gebeine und darüber ein paar Bedeutende, für die das alles kalkuliert wird. Dann kommst du und sagst …

Ich auf der Kanzel: Wenn man auf Gott gerichtet ist, darf man nicht zurückblicken und fragen, was mit denen geschehen ist, die verlassen wurden. Das nähme der Hingabe die Kraft, machte sie zögernd und wäre eine Beleidigung für Gott. Wer sich ganz von ihm hat erfassen lassen, kennt nichts mehr sonst und überläßt die Rechnung ihm.

Ich unter der Empore: Halt. Stell dich eine Sekunde auf das andere Bein, auf das Pflaster derer, die verlassen werden. Das ist doch buchstäblich gemeint? Also spüren sie die Heldentat dessen, der sie opfern soll, auch sehr leiblich. Noch mehr aber die Gleichung: Für Vater, Mutter, Kinder, Frau und Mann gibt es das Hundertfache. Daß es auf der windigen Welt des Profits so zugeht, ist begreiflich, schlimm genug. Aber daß nun auch Gott in Person ein Verwender sein soll, das ist das Allerschlimmste. Ganz oben der, er quantifiziert auch. Daran erstikken deine Zuhörer. Das wischt die Gesichter aus und macht von ganz oben her Stimmung für den Vorteil.

Ich auf der Kanzel: Ein großer Theologe des Altertums hat den Satz gesagt: „Ein einziger Gerechter gilt soviel wie eine ganze Welt, die Ungerechten aber gelten, auch wenn sie zahlreich sind, als wertlos und gleichsam als nichts bei Gott."[1] Ein harter, aber wahrer Satz, der uns den heutigen verstehen hilft. Um wieviel mehr ist Christus wert.

Ich unter der Empore: Ich weiß einen anderen, gescheiteren. „Wenn irgendein Mensch hundert Schafe hätte und eins unter ihnen sich verirrt: läßt er nicht die neunundneunzig auf den Bergen, geht hin und sucht das verirrte? Und so sich's begibt, daß er's findet, wahrlich ich sage euch: er freut sich darüber mehr als über die neunundneunzig, die nicht verirrt sind" (Mt 18,12–13). Hat er nicht, wie es heißt, den Wohnsitz seiner Gottheit verlassen, um die verlaufenen Menschen zu suchen?

Ich auf der Kanzel: Ja, meine Brüder und Schwestern in Christus, so tritt er vor uns hin, unerbittlich, unbedingt. Er will unsere ganze Aufmerksamkeit, er will uns nicht mit anderen teilen, wir müssen ihm nach, wenn es ums Ganze geht, da müssen wir von den nächsten Menschen Abschied nehmen, und es wird unser Schaden nicht sein, denn hundertfach kommt es uns zugute, unendlich ist das Glück, das wir dafür einhandeln.

Ich unter der Empore: Du kommst nicht los vom Vorteil. Der salbt deine frommen Zumutungen mit Rücksichtslosigkeit. Was würde dein Hundertfacher sagen, wenn ihm einer käme mit der ganzen Freude, ihn zu sehen, mit dem Mut, ihm nachzugehen, mit der Lust, bei ihm zu sein, und hielte zugleich um Hals und Brust und Leib die anderen? Und sagte: Da hast du mich, aber ich halte diese da fest, die müssen mit mir zu dir?

Ich auf der Kanzel: Ohne Opfer geht es nicht, das Herz muß uns weh tun; da zeigt sich erst, daß wir es ernst

---

[1] Origenes, zit. nach H. U. von Balthasar, Geist und Feuer. Ein Aufbau aus seinen Schriften (Salzburg 1938) 95.

meinen. Dann wird jeder von uns eines Tages sagen können: Herr, da bin ich, ganz der Deine, totus tuus. Amen.

Ich unter der Empore: Schon beim Amen, mein schneller Freund der klaren, gesunden Worte? Stopfst ihnen deine Wahrheit mit einem Jubelruf in den Hals. Die Bibel das Arsenal, in dem die Befehle liegen, du die Artillerie, die sie verschießt. Kümmerst du dich nicht darum, wie sie einschlagen, welche Trichter sie reißen? Wer weiß, vielleicht kennen die Beschossenen einen Zauber, der die Granaten ablenkt, in die Höhe, in den Himmel verpuffen läßt? Er muß halt reden, der Gute, das gehört zum Sonntag.

Die Szene wechselt. Zufrieden steige ich von der Kanzel, wische mir über die Stirn und stimme das Credo an. Der Gottesdienst läuft jetzt nach der Vorschrift, meine Aufregung ist zu Ende. Ich habe das Meine getan. Vorne. Hinten allerdings, unter der Empore, sehe ich noch immer mich hocken, ich schüttle den Kopf und bewege murmelnd die Lippen. Was habe ich nur? Warum verschwinde ich nicht? Was flüstere ich noch? Ich will es vorne wissen. Sofort. Die Theatermaschine des Traums gehorcht auf der Stelle. Während die Messe sich weiterbewegt, höre ich mich. Ich fange noch einmal an. Ich predige. Von hinten an die gekrümmten Rücken der Leute, die auf die Wandlung warten. Hört ihr mich noch einen Augenblick?

Der Hundertfache, ihr Kinder und Großmütter, das ist Gott, das ist Christus, sein Sohn in der Welt. Ihr dürft die Zahlen noch viel weiter hinauftreiben. Das kann nie zuviel sein. Warum er sich so nennt? Wartet, ich denke eben darüber nach. Ja, ich entdecke einiges. Sagen wir, ihr Kinder und Großmütter und ihr grauen Nullgesichter, sagen wir, wie er es nicht meint, vermutlich. Unterstellen wir ihm nicht, daß man zwanzig Menschen gegen Jesus verhandeln könnte, oder nur zwölf, oder fünf, oder auch nur einen. Kein einziges seiner Worte über die Liebe wäre mehr zu verstehen. Er meint doch zum Beispiel, ein Opferbringer müsse vom Platz Gottes weglaufen, zu seinem Feind gehen, mit ihm gut werden und mit diesem gewonnenen Menschen in der Seele zurückkommen. Es ist nicht die Hauptsache, daß ihr auf jeden Fall auf dem Platz Gottes steht, es kommt ihm darauf an, wie ihr dahin geraten seid, wen ihr mithabt. Nicht jedes Bei-ihm-Sein gefällt ihm. Er fragt nach den anderen, er fragt nach allen. Ihr kleinen Märchenhörer, ihr Erzählerinnen, ihr kennt die Giftigen, die Gierigen, die Saugnäpfe, die sich nur dann groß vorkommen, wenn sie allein geliebt werden. Sie sehen überall Konkurrenten für ihren Genuß. Die müssen weg. Dann erst ist die Liebe rein. Sie fließt nicht überall, ihr Strom ist gezogen, dorthin wo der Alleshaber sitzt. Wollt ihr das Christus nachsagen? Daß er die Gefäße unserer Sympathie, die ohnehin klein und porös sind, allesamt selber austrinkt oder mit seinen Füßen zerstößt, wenn er sie nicht erreichen kann? Kam er nicht mit diesem Hunger in unsere Welt? Dann wäre er besser oben geblieben. Das wünschen wir uns nicht, schon gar nicht die Offenbarung, daß Gott nicht stark genug sei, um den kleinsten Funken Liebe außerhalb seiner allerfassenden Seele glühen zu lassen, wie immer er mag und zu wem immer; daß auch in ihm die Angst sitze und der ziehende Wunsch nach sich selbst. Wollt ihr das Jesus nachsagen? Nein. Ihr kennt ihn besser. Dafür ist er nicht gestorben.

Aber noch habe ich euch nicht gesagt, was er mit dem heute verlesenen Satz meint. Er bietet ja doch das Hundertfache an. Da habt ihr von vorne, auch von mir gehört, Christus sei der Größte, daher sei ihm der Vorzug zu geben, auch in der Liebe. Vielleicht habt ihr in dieser Erklärung auch die halbverhohlene Empfehlung mitverstanden: den Mächtigen zu lieben, über alles, ganz und gar, sei schließlich das Sicherste, die beste Anlage für unser Geld. Ich glaube nicht, von hinten gesprochen, daß Jesus mit dieser Sympathie Freude hätte. Habt ihr's nicht schon öfter gehört, daß man ihm deswegen Vorwürfe macht? Habt ihr ihm nicht schon gegrollt? Wenn ihr einen Funken Zuneigung für ihn habt, laßt euch vom Zorn über den heutigen Satz antreiben, ihn besser zu verstehen. Denkt an eure Wohnungen, an die Menschen, die mit euch darin hausen. Wie geht es da zu? Denkt an jenen Augenblick, den es vielleicht schon einmal gegeben hat, wo ihr bei einem Menschen ganz daheim und glücklich gewesen seid, hingegeben und angenommen, ineinander und aufgetan, restlos, was spürt ihr da? Ich sage euch, was ich empfinde, vielleicht könnt ihr daran das Eure erkennen. Ich bin glücklich, meinen Vater, meine Mutter, Brüder, Schwestern, Freunde und Verwandte zu haben. Das ist mein Nest in dieser Welt, da hocke ich, bin ich verbunden und verflochten mit Leib und Seele. Mitten in die Freude darüber fällt mich manchmal der Gedanke an, ob es nicht auch das andere noch gibt, die Welt, drüben, über dem Zaun, jenseits der lichten und warmen Stube. Da erstreckt sich die Menschheit, da leben die vielen, vielen, die mir ganz fremd sind. Auf einmal steht Jesus am Zaun und redet zu mir.

Es ist schön, mein Freund, sagt er, daß du ein Daheim hast. Das tut dir wohl, und du hast Menschen, denen du nahe sein kannst. Vergiß sie nicht. Niemals. Höre nicht auf, sie gern zu haben. Halte sie fest, solange du lebst. Du siehst mich jenseits des Zaunes stehen, außerhalb der traulichen Heimat. Ich bin in einer Familie aufgewachsen wie du. Sie hat mich hervorgebracht und will mich behalten. Sie läßt mich nicht aus. Sie weiß, wie mein Leben gehen soll, sie hat es längst entworfen. Meine Sippe schätzt das zufriedene, kleine Glück, sie haßt alle Ausnahmen, alle Träume und Wanderer, alle, die hinaus wollen und an das andere denken. Sie sagen, ich sei verrückt, weil ich nicht bei ihnen bleibe und arbeite wie sie. Wie habe ich gewünscht, wie davon geträumt, meine Familie würde mir helfen bei dem, was ich zu sagen, was ich zu tun habe! Sie wäre wie ein Schoß, der mich stärkt und ausgehen läßt, um mich wieder aufzunehmen, wenn ich zurückkomme; sie enthielte die Kraft, ihre Kinder zu ermutigen für eine weiter greifende Liebe, sie auszurüsten für eine Sympathie über den Zaun, sie stark zu machen für die Arbeit in den großen Verhältnissen, eine Mitte des Atmens, ein Pulsschlag. Dann flösse die Liebe. Meine Sippe will, daß sie steht wie der Teich bei unserem Haus. Deshalb bin ich weggegangen. Deshalb ist daraus Trennung und Schärfe geworden. Gott hat mir den Stoß gegeben, daß ich arbeite und rede für das Reich, die große Gemeinde seiner Kinder, daß ich alle zu allen bringe. Ist das nicht hundertfach mehr als die kleine, nestwarme Oase, in der sie sich zusammenkuscheln? Ich entbehre sie. Es wäre viel leichter, wenn ihre Liebe mit mir gegangen wäre. Sie selber hätten an allem größeren Anteil bekommen, wären hundertfach geworden durch die gern gegebene Gabe, ihren Sohn und Bruder. Nun ärgern sie sich daheim, weil ich gesagt habe: Hundertfach kommt mir herein, was ich verlassen habe. Mein Freund, multipliziert werden müssen nur die, die vereinfachen, die sagen: Ich, meine Familie, mein schön umfriedetes Glück ist das Ganze. Sie bekommen zu hören: mitnichten, ein Vielfaches davon gibt es sonst noch. So redet Jesus.

Er selbst hat es erlebt, wie dumpf das Nest der Familie werden kann. Ein Satz noch, meine Lieben, dann hat die Rede ein Ende. Jesus spürt, wie sich das Herz der Menschen zusammenzieht. Es gibt soviel trauliche Sprüchlein darüber. In Wirklichkeit ist es der Muskel der Habsucht. Wenn es alles in seiner Grube versammelt hat, wenn es heftig sich selbst fühlt und alle, die in seiner Nähe sind, intensiv betastet, dann verfällt es dem Gedanken der Allmacht. Es kommt sich vor wie der ewige Anfang, es führt sich auf wie göttliche Gegenwart, es gibt sich wie die unzerstörbare Zukunft. Dann ist es zum Idol geworden, dessen Innigkeit ist wie eine eiserne Klammer. Wenn der Alltag an diese Allmacht stößt, fällt sie um und verwandelt sich in Verachtung. Die Liebe ist eine Pfütze geworden, in die man enttäuscht spuckt. Es ist nichts mit ihr. In dieses fürchterliche Entweder-Oder fällt das Wort vom Hundertfachen. Versteht ihr? Das macht uns bescheiden und stark. Der Hundertfache ist Gott. Der Grund dafür, daß wir lieben, daß wir's können und wollen, der ewige Zündfunke. Das liegt nicht in uns. Aber wir können es kleinwinzig, zwischen Nacht und Nacht, und wir wollen es. Die kleine Weile dazwischen, das ist unsere Zeit. Daß wir das merken, dafür braucht es einen kleinen Ruck, einen Abstand, damit klar wird, was wir sind und nicht sind. Denn die Liebe ist die Kunst, die rechte Distanz zu halten.

Ich und ich verfließen wieder in eins. Gemurmel der Antworten, Orgelspiel. Ein Schein von Kerzen, in dem sich alle Gesichter, auch meines, auflösen. Ich erwache.

Ganz oder halb?

Aus dem Brief einer Ehefrau an einen befreundeten Mönch

Ich bin jetzt 67 Jahre alt; meine fünf Kinder sind erwachsen und selbständig. Ich habe allerhand zu tun mit den Enkeln, doch bleibt viel Zeit, in der ich sinnieren kann. Früher, als ich mich heftig nach Muße sehnte, habe ich mir ganz andere Sachen vorgenommen, als mich jetzt fesseln. Das macht aber nichts. Ich bin froh darüber.

Daß ich nun aber so viele Sachen über Gott lese, überrascht mich doch sehr. Ich bin nicht gerade heiß gewesen auf das Religiöse. Mir fällt mitten in meiner frommen Lesewut oft ein, wie ich früher jedesmal von einer rätselhaften Ungeduld befallen wurde, wenn ich irgend etwas über Himmel und Gott anzuhören hatte. Es ist mir einige Male geschehen, daß ich die Predigt nicht zu Ende ertragen konnte und zur Freude meiner Kinder aus dem Gotteshaus rannte, ehe der Redner fertig war. Mir schien, so deute ich jetzt meine Gefühle, als redete es sich gar zu leicht von so fernen Dingen, als würde all das verblümt, was mir oft mehr zusetzte, als für meine Geduld gut war. Ich habe die Prediger für schnelle Erklärer gehalten, die zu wenig um das wissen, aus eigenen Schmerzen wissen, was sie erklären wollen.

Nun ist es anders – ich suche selbst nach Deutungen. Meine Widerspenstigkeit ist mir geblieben. Noch immer kann ich heilige Sätze nicht einfach schlucken; ich muß darüber nachdenken und bohren, bis ich selbst etwas finde, bis sie mir gehören oder mich wegstoßen. Mein Mann sagt dazu: Das ist dein stolzer, ungebrochener Dickschädel, der will nur zulassen, was hineingeht. Ich darauf: Mein Lieber, das ist mein Gewissen; es läßt nicht zu, daß ich nicke, ohne geprüft zu haben. Ich weiß nicht, wer von uns beiden recht hat. Ein wenig von meinem Gewissen wird dabeisein, ich hoffe es.

Eine meiner Kusinen ist Klosterfrau. Sie besuchte mich neulich und sah meine theologischen Bücher liegen. „Endlich", sagte sie, „kommst du auch zur Vernunft." Sie schickte mir gleich einige Schriften, die ich nun lesen soll. Eine davon heißt: *Vom Sinn des Ordenslebens.* Ich habe darin geblättert und bin auf ein Kapitel gestoßen, das mich gefangen hat: *Die Jungfräulichkeit.* Sie wissen natürlich, was ich da entdecken konnte, Ihnen ist das geläufig – aber ich stand plötzlich vor einem Satz wie diesem: „Der Mensch, der sich entschließt, in den Orden einzutreten, tut es, um sich Gott ganz hinzugeben. Vor allem ist es der Verzicht auf die Ehe, in dem er sich restlos opfert. Es gibt nichts Höheres und Vollkommeneres, als Gott, der unendlichen Liebe, allein und ungeteilt gehören zu dürfen. Was Christentum heißt, ist hier zu sehen."

Zur Stützung dieser Behauptung bringt der Autor eine Reihe von Bibelversen, vor allem aus Paulus: „Die unverheiratete Frau und das Mädchen sorgen sich um die Sache des Herrn, daß sie heilig seien an Leib und Seele. Die verheiratete Frau dagegen sorgt sich um die Sache der Welt, wie sie ihrem Mann zu Gefallen sein kann (1 Kor 7,34). Daher sei der verheiratete Mensch gespalten, nirgends ganz in seiner Hingabe. Und zum Schluß bringt er noch den Spruch des Konzils von Trient: „Wenn einer sagt, der Ehestand sei dem Stand der Jungfräulichkeit und des Zölibates vorzuziehen, und es sei nicht besser und seliger, in der Jungfräulichkeit und im Zölibat zu leben, als sich in einer Ehe zu binden, der sei im Bann." [1]

Ich schreibe Ihnen, nicht um Ihnen zu sagen, daß ich das nicht verstehe, ich möchte Ihnen mitteilen, was alles in mir mit diesen Sätzen streitet und hadert, ja sie ablehnt, wenn ich sie genau nach dem Buchstaben verstehen muß. Was soll denn eine solche Einteilung bedeuten, sobald es darum geht, daß die Menschen frei zu Gott gehören sollen? Also meine Zweifel der Reihe nach:

Erstens gibt es zwei Arten von Christen, nämlich die Ganzen und die Geteilten, die Vollkommenen und die Teilweisen. Die Ganzen sind über die Halben zu stellen. Wie soll ich das begreifen, wenn ich dann in der Einleitung zum vierten Evangelium lese: *Allen* gab er Macht, Kinder Gottes zu werden (Joh 1, 12)? Was soll eine gestaffelte Kindschaft vor Gott? Ich vermute, daß diese Ordnung herkommt aus den uralten Wünschen, die wir alle in uns haben und die nicht ruhig werden, ehe es nicht oben und unten gibt, die Hierarchie, die Medaillen für Mehr oder Weniger. Was soll mir eine Unterscheidung dieser Art gelten, wenn mir, die ich zu glauben versuche, nur eines wichtig vorkommt, wie ich von jeder Ecke des Lebens aus zu Gott gehören kann? Was sind die Kirchenspaltungen gegen eine solche Teilung der Christenheit! Ich bezweifle, daß sie der Glaubensgemeinschaft gutgetan hat, kenne aber zu wenig von der Geschichte, um es beweisen zu können.

Ich höre Sie sagen, es sei wohl nicht möglich, aus jeder Ecke des Lebens in gleicher Weise zu Gott zu gehören, in der einen gehe es eben besser als in der anderen. Das ist schon mein zweiter Zweifel. Als junges Mädchen habe

---

[1] DS 1810.

ich träumend gemeint, ich sei stark genug, mich allen zuzuwenden, alle zu verstehen, alle zu ertragen, alle zu lieben. Das Leben hat mich ohne Nachsicht geteilt. Ich habe lernen müssen, daß ich in gewisser Weise nur meinem Mann gehöre, ich habe mit meinen Kindern zu kämpfen gehabt, wenn sie sich um meine Zuneigung stritten, und selber habe ich oft genug gespürt, wie meine seelische Kraft vollkommen erschöpft wurde durch die Ansprüche der paar Nächsten, mit denen ich verbunden war. Was blieb noch für Freunde? Wenig genug. Ich weiß aus Erfahrung, wie geteilt ich bin. Und doch glaube ich nicht, damit schon erfaßt zu haben, was meine Liebesversuche ausmachen.

In den Bruchstücken, die ich von mir ausgeteilt habe, wollte ich doch immer ganz drinnen sein. Ich habe doch nie gedacht: Der kriegt nur so viel, und jener kriegt mehr. Ich meine, durch alle Beschränkungen hindurch kommt doch immer ein ganzer Mensch auf mich zu, wenn er mich mag, und er kommt ganz, wenn er sich ganz einsetzt. Nie ist es mir in den Sinn gekommen, ich könnte schließlich auch Gott noch eine Portion schulden, die ich dann den anderen abziehen müßte. Wenn ich Zeit fand für ein Gebet, trieb es mich immer mit dem ganzen Gewimmel zu ihm. Betend habe ich immer auch Trost gefunden, daß ich ganz in Gott hänge, ich mit den anderen, die anderen mit mir. Was mich mit allen anderen trägt und hält, wo alles herausspringt und wohin alles zurückdarf, das ist Gott. Er kommt nicht auch noch zusätzlich auf die Szene, um seinen Teil zu verlangen, erst recht nicht bedrohlich und unheimlich, weil er doch der Allerliebenswürdigste ist.

Aber so müßte ich doch denken und fürchten, wenn ich den Sätzen Glauben schenken soll, die ich zitiert habe. Ich müßte mich fragen: Habe ich Gott um das

Quantum Liebe geprellt, das ich meinem Mann und meinen Kindern und den wenigen Freunden zugewendet habe? Ist ihm durch eine solche Sympathie etwas vorenthalten worden, was ihm eigentlich zusteht und gegeben werden müßte? Streitet Gott um meine Liebe – mit den von mir geliebten Menschen, wenigstens in einem heimlichen Bedauern darüber, daß ich mich nicht ihm allein ganz gegeben habe? Hätte ich also in meiner Liebe zu den Menschen, die mir die nächsten sind, immer ein schlechtes Gewissen haben müssen, weil ich sie geliebt habe und liebe, statt auch das noch abzulegen? Ist er eifersüchtig? Und wie weit ist es von solchen Vermutungen bis zu dem Verdacht, Gott neide mir, was ich von Menschen empfange, er mißgönne anderen, was ich ihnen gebe? Will er auf diese Weise alles haben? Wer ist dieser Gott, der besorgt ist, daß ihm etwas entgeht, was ihm gehört?

Verübeln Sie mir nicht das Gefühl, er werde auf diese Weise zu unsereinem, er werde vom Himmel auf die Erde gesetzt und müsse sich nun wie ein Götze bewegen und sich um das Seine bemühen. Was ich dagegen denke und für wahr halte, ist einfach: Zu Gott, dem Unendlichen, Ewigen, der Fülle, kann man sich überhaupt nur ganz und gar hinbewegen, weil jeder ganz und gar ihm angehört. Ob einer verheiratet ist oder nicht, das macht nichts aus. Die Liebe zu Gott zerspaltet den Menschen nicht zwischen geliebten Menschen und dem ewigen Gut, mutet ihm nicht den mörderischen Spreizschritt zu zwischen Himmel und Erde. Man nähert sich ihm nicht, indem man weniger irdische Liebe hat, sondern indem man kräftiger erfaßt wird, und umgekehrt: wen er anzündet an seiner Gegenwart, der beginnt mehr zu brennen auch für die Menschen. Wie schwer ist es, in uns das Regime des Neides niederzukämpfen. Es baut sich schon in den Kindern auf, und was für ein Schrecken, den Neid nun gar im Gesicht dieses Gottes entdecken zu müssen, der nicht schenkend und gewährend alles gibt, sondern saugend und enteignend alles an sich ziehen will!

Ich bin noch nicht fertig, sondern will drittens den Gedanken noch weitertreiben, dorthin, wo davon geredet wird, daß die Jungfräulichen alles verlassen müssen, die Liebe zu einem Menschen jedenfalls, um sich ganz auf Gott zu werfen und von ihm zu erwarten, was ihnen die irdische Liebe nur dürftig hätte geben können. Das leuchtet mir nicht ein. Denn die Ehelosen verlassen gar nicht alles, was menschliche Liebe heißt, sie schenken gar nicht alles Gott, indem sie darauf verzichten. Es bleiben immerhin die Beziehungen zu den Freunden, zu den Geschwistern, zu den Eltern, es bleibt die Nächstenliebe überhaupt, die gerade von ihnen verlangt wird, und es bleiben alle Innigkeiten, alle Gefühle, die erhebenden und niedermachenden, die mit solchen Beziehungen verbunden sind, es bleibt eine Art Lust und Genuß der Welt, die nicht in das Opfer eingeht. Was ist es damit? Legt Gott darauf keinen Wert? Schmälert das nicht die ganze Hingabe? Wenn nicht, warum muß dies von der erotischen Liebe gelten, die in die Ehe mündet? Es geht nur um sie, es geht nur um teilweise Lösung aus dem Menschlichen. Der Ehelose löst sich Gott zuliebe von der erotischen Form, ohne die Liebe selbst aufzugeben, die nicht darauf beschränkt werden kann. Ich glaube aber nicht an den Sinn, der dafür angegeben wird.

Und weiter, meinen Sie wirklich, daß es mit der Ganzheit des Opfers soweit her ist in der Praxis? Sie sehen selber besser als ich, wie zwar dieses Wort jeweils hervorgeholt wird, wenn der Stand der Vollkommenheit verteidigt werden muß, in der Wirklichkeit des Lebens sich aber allerhand mildernd darüber legt. Ich denke an die Einbettung in eine Gemeinschaft des Stiftes, in der man nicht fürchten muß, einmal allein zu sein oder ins Altersheim zu müssen, wie es vielen Verheirateten blüht. Diese schauen oft viel ungewisser in ihre Alterszukunft, als es die Jungfräulichen nötig haben. Es gibt eine unverhohlene Junggesellenfreude über die Freiheit, keine Familie am Hals zu haben – in der Tat, was für eine Entlastung! Ich kenne mich gut genug und weiß, wie oft ich von diesem Vorteil geträumt habe im Lärm meines Haushaltes. Die Ehelosen um des Himmelreiches willen suchen den Erfolg nicht weniger als die, die im Joch der Ehe gehen, mag sein, einen weniger massiven, einen feineren, der aber doch nicht weniger an Genuß bietet. Die Anerkennung, die einem Pfarrer entgegenkommt, die Zahlen der Statistik über den Gebrauch der heiligen Dinge, die Karriere im Dienst der Kirche – alles ein Lohn, der schon auf Erden für den Verzicht gesucht und gegeben wird.

Im Streit um den Zölibat des Weltgeistlichen habe ich ein Argument gehört, das mir der Kaplan bei unserem Pfarrball erzählt hat. Da ist nicht mehr die Rede von dem Ganzopfer an Gott, es geht, heißt es, um den Einsatz der ganzen Zeit und aller Kräfte für den Weg des Evangeliums in der Weltzeit. Für den Ehelosen verdoppelt sich das verfügbare Kapital, das er einbringen kann, und außerdem wird er mit diesem Aufwand für die Sache Gottes ein Signal, an dem alle sehen können, was die letzten Werte sind. Sehr gut, wenn das gelingt. Die Rechnung steht so allerdings nur auf dem Papier der kirchlichen Entscheidungen. Wenn es darum geht, den Verzicht auf den Eros zu bewältigen, frißt die Arbeit daran wieder einen guten Teil der freigewordenen Zeit weg.

Der Kaplan erzählte mir, es sei ihm während seiner Ausbildung geraten worden, sich ein Hobby zu suchen, sich abzulenken, feste Freunde zu haben, damit er über das Hindernis kommt. Ich will nichts schlecht machen und keinen Idealisten vergessen, der sich wirklich ganz investiert, doch auch die Frage nicht unterdrücken, ob wirklich von den Ehelosen mehr gearbeitet wird, weil sie ehelos sind, gearbeitet für den Zweck, dem zuliebe sie verzichtet haben. Man wird das Ergebnis dieser Rechnung nie erfahren, aber man soll wenigstens nicht so tun, als wüßte man, daß es eindeutig für die Zölibatären spricht.

Noch eins über die Beweggründe für den Verzicht auf die erotische Liebe! Er geschieht um des Himmelreiches willen, um Gottes und Christi willen. Damit wird verbunden ein Hinweis auf die Kraft des Verzichtes, auf das Maß der Selbstlosigkeit, das dazugehört. Es will nicht in meinen alten Schädel, daß das unbedingt die Sache großer und kraftvoller Seelen sei. Wird doch nicht weniger Entschädigung versprochen, sondern mehr. Der Ehelose kriegt Gott dafür oder zumindest eine besondere, anderen nicht gewährte Zuwendung Gottes. Das ist allerhand und bewegend genug für die Wünsche des menschlichen Herzens, das ewig nach Befriedigung lüstern ist. Ist das wirklich so bewundernswert, ist es, mit Verlaub gefragt, gut? In der Kalkulation des Handelns leuchtet das schon ein: wenig geben und eine unendliche Einkunft dafür erzielen, wie denn nicht! Aber ist es angemessen, mit der menschlichen Liebe solche Rechnungen über Mehr oder Weniger anzustellen, sie überhaupt in diesen Zusammenhang zu bringen? Ich halte es für eine Sünde gegen den Geist, der Gott und den Menschen bewegt, so zu werten. Wenn wir die Liebe ernst nehmen, müssen wir sie nach ihrem innersten Gesetz, nicht nach Maßstäben messen, die von anderswo an sie gehalten werden. Für mich ist sie das Unmeßbare, Unwägbare, Unvergleichliche, sie sprengt das Schema einer übernatürlichen Wirtschaft, in die der Religionsbetrieb so oft mündet. Es ist unsittlich, eine kleinere und sei es auch noch so winzige menschliche Liebe zurückzulassen, um eine größere dafür zu gewinnen, und sei es die Liebe Gottes.

Immerhin weiß ich von Worten wie: *Er löscht den glimmenden Docht nicht aus.* Oder: *Für uns Menschen und um unseres Heiles willen ist Er vom Himmel herabgestiegen,* der gute Hirt *läßt die neunundneunzig bei Ihm weilenden Schafe zurück* (die mehr liebenden), *um das verlaufene Hundertste* (das weniger liebende) *in der Wüste zu suchen.* Ich weiß schon aus mir selber, daß wir die Liebe nicht auf einmal haben. Das ist kein Wissen, das mich zu Triumphen erheitert. Liebe ist ein Exodus, schleppend genug, heraus aus der Sucht, die uns mit klammernden Organen an die Besitztümer bindet. Langsam gewinnen wir die Freiheit, und am Ende vielleicht glückt uns ein Funke, in dessen Licht wir erkennen, daß sie geschehen ist und wir nicht umsonst gelebt haben. Auf diesem langen Weg gibt es das Wachsen der Liebe, es gibt etwas Höheres für sie, mehr, Tieferes, aber immer sie selbst als höhere, größere, tiefere. Sie wächst aber nicht deshalb schon, weil einem im Lauf der Zeit immer größere Gegenstände vorgesetzt werden, die geliebt werden sollen.

Lieber Freund, ich kenne keinen von den großen geistlichen Lehrern der Christenheit so genau, daß ich mich auf einen Disput einlassen könnte, aber was ich an flüchtigen Lesefrüchten besitze, gibt mir den Mut zu sagen: Selbst wenn mir Gott vorgesetzt wird als höchster Gegenstand – ein fürchterliches Wort, ich weiß –, selbst dann steht es dahin, ob an ihm meine Liebe oder meine Habgier wächst. Nichts, gar nichts ist damit entschieden, daß mir einer sagt, er gebe alles auf, um Gott zu gewinnen, wie nichts entschieden ist zur gleichen Frage, wenn einer beteuert, er wolle der Erde und ihren Wesen treu bleiben, weil er ohne sie nicht leben könne. So kann es sein, daß sich die Habsucht nur am Gegenstand unterscheidet, als Habsucht zur Welt und als Habsucht zum Himmel, daß einmal die Sprache unverfroren und einmal fromm gedeckt ist. Der Ehemensch kann in die Welt und der Mönch in die Überwelt verkrallt sein. Gelöst für die Liebe sind sie beide nicht, obwohl sie sich am Gegenstand so abgrundtief unterscheiden, und obwohl es der Ehelose leicht hat, seine Habgier mit den heiligsten Begriffen zu verhüllen.

Gewiß, der Mönch ist sozusagen einer weiseren Habsucht verfallen, weil er, aus welchen Gründen immer, die Enttäuschung der Welt dorthin überspringt, wo sein wahres, unzerstörbares Kapital liegt. Noch einmal: Ist das wirklich besser, seliger, edler? Ist das vollkommen? Ist es gut?

Ich dachte mir schon: Du spinnst halt deine Hirnwolken zusammen, wer weiß, wo das hingehört? Da entdeckte ich einige Zettel, auf die ich mir Sätze aus den Schriften des Meisters Eckehart geschrieben habe. Hören Sie: „Wer alle Dinge läßt, der wird das Hundertfache dafür empfangen. Wer es aber auf das Hundertfache absieht, dem wird nichts zuteil, denn er gibt nicht alles hin: Er will das Hundertfache wieder haben.“[2] Oder: „Und dies (aus dem Tempel werfen) tut er immer noch allen jenen, die da kaufen und verkaufen in diesem Tem-

[2] Deutsche Predigten und Traktate, hg. vom J. Quint (München [4]1977) 388.

pel; von denen will er keinen einzigen darin lassen. Seht, alle die sind Kaufleute, die sich hüten vor groben Sünden und wären gern gute Leute und tun ihre guten Werke Gott zu Ehren, wie Fasten, Wachen, Beten und was es dergleichen gibt, allerhand gute Werke, und tun sie doch darum, daß ihnen unser Herr etwas dafür gebe oder daß ihnen Gott etwas dafür tue, was ihnen lieb wäre: Dies sind alles Kaufleute. Das ist im groben Sinn zu verstehen, denn sie wollen das eine um das andere geben und wollen auf solche Weise markten mit unserem Herrn. Bei solchem Handel sind sie betrogen."[3] Und noch stärker: „Manche Leute wollen Gott mit den Augen ansehen, mit denen sie eine Kuh ansehen, und wollen Gott lieben, wie sie eine Kuh lieben. Die liebst du wegen der Milch und des Käses und deines eigenen Nutzens. So halten es alle jene Leute, die Gott um äußeren Reichtum oder inneren Trostes willen lieben; die aber lieben Gott nicht recht, sondern sie lieben ihren Eigennutz."[4]

Genug Zitate. Alle zeigen in die Richtung, die ich angedeutet habe. Es nützt nichts, ob sich einer auf Kleines oder auf Großes wirft, es kommt darauf an, wie er es anfaßt. Wenn mit Gott nicht zugleich die göttliche Weise erlangt wird, in der sich die Liebe ergeht, ist alles umsonst. Dann ist alles grobe oder feine Ausbeutung, die die Partner einander antun. Das ist eine Ahnung, die mir aus der mühseligen Erfahrung meines Lebens in der Familie dämmert, spät genug. Ich habe sie nicht vom Himmel geholt, sondern auf der Erde gefunden, und ich kann mir Gott nur so ausmalen. Es wird genug Klosterleute geben, die sich hinwerfen und nicht rechnen, die

---

[3] o.c. 154.
[4] o.c. 227.

da sind, ohne zu zählen, für die auch die Kirche keine Molkerei ist und der Himmel keine Bank. Ich zweifle nicht daran. Ich meine aber, die Inhalte machen es nicht, nicht das Band der Ehe, noch der Verzicht darauf, nicht das Erlebnis des Eros, noch seine Opferung, es kommt auf die Form an, ob alles in Geist und Wahrheit geschieht.

Da bin ich aber schon beim vierten Punkt. In jeder Zeile des genannten Buches spüre ich einen Gegensatz, den ich für erfunden halte, für eine Zwecklegende. Da ist die Ehe und alles, was mit ihr zusammenhängt, vor allem natürlich das Erotische, das Verschlossene, das Zufriedene, Gemütliche, Undurchsichtige, das Unbewegliche, das Lustbetonte. Die Jungfräulichkeit dagegen die offene Unruhe zu Gott, die drängende Unzufriedenheit mit der bestehenden Welt, der Ernst der Heimatlosigkeit, die Durchsichtigkeit auf das Heilige, Bewegung und Ekstase, der brennende Opfermut.

Nach alledem, was ich schon geschrieben habe, wird Ihnen klar sein, wo für mich die Grenze läuft. Nicht zwischen Ehe und Zölibat, sondern quer durch diese Stände, die nach dem Maßstab des meßbaren Besitzes oder Verzichtes eingerichtet sind. Diesseits hausen die, für die alles, was sie sind und haben, eine Gelegenheit ist, um an sich selbst zu verfallen, um jedem Anruf zu widerstehen, der sie wegbringt in ein anderes Land; die sich verwehren und niemals, auch nicht Gott gegenüber oder einer Geliebten, das Risiko eingehen, den anderen zu entdekken, sich im anderen zu finden. Jenseits der unsichtbaren Linie aber bewegen sich die Menschen, die sich von den Schlägen des Schicksals haben aufbrechen lassen, die Gelösten, die sich von einer Gegenwart berühren lassen, in der sie nur bleiben können, wenn sie nicht dem Wunsch nachgeben, sie zu besitzen, die bereit sind, zu wachsender Gemeinschaft, die wirklich alles daransetzen, diese zu verwirklichen.

Es mag in ihnen noch mancher Unwille mitschwingen und die Sehnsucht nach ruhiger Habe. Es mag manche Bestürzung in ihnen sein über ihren eigenen Willen, weil sie über sich selbst nicht ganz klar, nicht genau wissen, wieviel sie geschoben sind und wieweit sie selbst gehen – aber sie gehen und lassen das Lob des Sitzfleisches andere singen. Es gibt Leute von Gewicht und Stimme in der Kirche, die einen guten Teil ihrer Kräfte aufbrauchen, um über den Verfall der Sitten zu klagen, der innerhalb der christlichen Laienschaft um sich greift. Ich habe nicht genug Wissen über seine Zeitgenossen, um etwas dazu sagen zu können. Was mir bei den Richtern der Zeit abgeht, ist das Gespür dafür, daß die Schäden nicht nur von außen hereingetragen werden, sondern aus Keimen entstehen, die drinnen gelegt sind. Dazu zähle ich die Trennung der Stände, daß es volle und halbe Christen geben soll, von Rechts wegen.

Hätte ich die Seele und die Stimme einer Sibylle, dann hieße mein Spruch dazu: „Wundert euch nicht, ihr Kirchenmänner, wenn sich die Welt selbständig macht. Ihr habt sie abgeteilt und weggetan von der eigentlichen Kraft des Wortes, ihr habt euch geweigert, in ihr zu lieben, sie zu lieben zu Gott hin, ihr habt euch geweigert, sie zu verwandeln, ihr habt sie verneint und es damit leichter gehabt, denn der Kampf drinnen, mit dem Sog der Triebe nach unten, bleibt euch erspart. Das Vollkommene behaltet ihr der Verneinung vor, die Ehe und ihren Eros laßt ihr draußen, geduldet, als eine sanftmütige Anpassung an die Bedürfnisse des Menschen, die sich nicht aus der Welt schaffen lassen. Es ist kein Wunder, wenn eines Tages die Teile auseinanderbrechen und der Eros hinabfällt dorthin, wo er kein Symbol der Liebe mehr sein kann. Zu lange wurde nur von außen auf ihn eingeredet, wurden Gesetze über ihn gestellt, die von denen erfunden wurden, die ihn nicht nur geopfert, sondern auch verhöhnt haben. Die Kraft, die zur Verwandlung in volle Hingabe nicht zugelassen wird, geht ihre Wege und verfällt ihrer Schwere. Die Flutwelle des Sex, die so viele mit Verzweiflung zudeckt, ist auch ausgelöst von der großen Weigerung, den Eros wirklich anzunehmen als gute Gabe, *die vom Vater der Lichter* herabkommt, ist auch bewirkt vom Zwang der Beschimpfung, der ihm angetan wurde. Jammert nicht darüber, daß nun die Triebe des Geschlechtes euren Befehlen und Gesetzen davonlaufen, denkt lieber darüber nach, ob ihr sie nicht mit eurer Verachtung vertrieben habt."

Es liegt mir nicht im Sinn, die Orakelfrau zu spielen – dafür rede ich zuviel, meint mein Mann; er wird recht haben. Nur sagen, was ich gespürt habe in meinen Jahren, das ist meine bescheidene Absicht.

Da höre ich, es sei das endzeitliche Abenteuer, das von den Ehelosen gewagt werde, die kühne Ausfahrt auf das Wort Gottes hin. Ich glaube, daß es das sein kann und sein muß, wenn es Sinn haben soll. Aber nicht minder abenteuerlich ist die Ehe, und nicht weniger Zeugnis für die Zukunft des Himmelreiches bringt sie. Die Geschichten des Abraham, die ich gern lese, zeigen einen Mann, der sich mit seinen Frauen, seinen Kindern, der ganzen Sippe, samt dem Viehzeug auf den Weg in die Zukunft macht, die er nur kennt aus einem kräftigen Ruf Gottes. Er wird deshalb von Juden, Christen und Muslimen als Vater des Glaubens verehrt, als Anfänger jener ganzen Wende zu Gott, die uns allein gut und wirklich macht. War das kein Abenteuer zum Letzten, kein Sprung auf Gott zu, mit soviel Anhang? Als Jakob Rahel begraben mußte, die liebste von seinen Frauen, was galt der Schmerz des Verlustes zwischen Gott und ihm? Thomas Mann hat in dem Roman „Joseph und seine Brüder" dem Ereignis nachgespürt: „Und hier war es, wo er zum erstenmal, über sie hin und hinauf in die silbrige Weltennacht, gleichsam als Eingeständnis seines Begreifens, die Frage richtete: Herr, was tust du? In solchen Fällen erfolgt keine Antwort. Aber der Ruhm der Menschenseele ist es, daß sie durch dieses Schweigen nicht an Gott irre wird, sondern die Majestät des Unbegreiflichen zu erfassen und daran zu wachsen vermag. Seitwärts summte und litaneite das chaldäische Weiber- und Sklavenvolk seine Zaubereien, mit denen es starke und unverständliche Mächte zum menschlichen Wünschenswerten anzuhalten hoffte. Aber Jakob hatte nie so deutlich begriffen wie in diesen Stunden, warum dies falsch war und warum Abraham sich von Ur in Bewegung gesetzt hatte. Sein Aufblick ins Ungeheure war entsetzensvoll, aber nicht ohne Kraft des Schauens, und seine Arbeit am Göttlichen, die sich immer als ein Ausdruck von Besorgnis in seiner Miene abzeichnete, erfuhr in dieser furchtbaren Nacht eine Förderung, die eine gewisse Verwandtschaft mit Rahels Qualen hatte."[5]

Wer hat es erlebt, wie ihm das Herz durch alle Erfüllungen hindurch in die Bodenlosigkeit sinkt, und wußte dann nicht, wohin es ihn zieht, wenn überhaupt noch Hoffnung sein soll? Wem ist nicht die Welt tausendmal untergegangen in dem Augenblick, da ihm die Liebe gebrochen ist? Wem geht es nicht durch und durch, daß ein Kind sich abwendet? Überhaupt die Kinder – eins wie das andere ein Wurf in eine Zukunft, die nur im Sprung der Hoffnung zu erreichen ist! Und die Eltern

---

[5] Erster Band: Die Geschichten Jaakobs. Der junge Joseph (Frankfurt a.M. 1971) (FTB 1183) 289.

werden mitgerissen. Soviel Entbehrung, die mit dem Eheleben verbunden ist, soviel Tod, der schon darin zehrt, während es noch dauert, soviel Beraubung und Verzicht und Vertreibung – das bleibt nicht am Rand, das dringt ins Leben vor und macht es aus.

Die Enge und die Gewöhnung, von der eine Beziehung befallen werden kann, der verzweifelte Versuch, diesem Einen treu zu bleiben, obwohl er keine Überraschungen mehr bringt, obwohl andere anziehender sind, das langsame Verglühen der erotischen Herrlichkeit – alles eine Herausforderung, die einen ganz nimmt, glauben Sie mir! Eine Gelegenheit, ganz und gar vor Gott zu geraten und sich völlig auf ihn zu werfen, wie auch der verzweifelten Abkehr und des kalten Zynismus. Damit nicht nur der Tod in der Ehe genannt wird und allein den Beweis tragen muß: Ebensoviel gilt von den unvergeßlichen Augenblicken. Was meinen Mann und mich überfallen und berauscht hat, was unsere Lust und Liebe war, das hat uns nicht verschlossen und zugemacht vor der Welt des Ungeheuren. Und wenn es auch nicht viel zu denken gibt in der Verzückung, die der Eros schenkt, es steigt doch darin eine Ahnung auf, daß uns mehr hinreißt, als wir im Augenblick umarmen. Wie lange lebte ich und lebe ich noch immer von der Andacht solcher Momente! Auf einmal steht in der Wüste des Banalen wieder der gewisse Glaube an das, was die Bibel im Hohenlied die Braut sagen läßt: „Stark wie der Tod ist die Liebe, ihre Flammen wie Flammen Gottes" (8,6).

Die Ehe ist ein Abenteuer zum letzten, so gut wie die Ehelosigkeit, obwohl sie der breite, normale Weg der Massen, die Ehelosigkeit die schmale Gasse der Berufenen ist. Niemand wird leugnen, daß es einer Berufung und einer besonderen Anstrengung bedarf, das Leben auf diese Weise ins Ziel zu bringen. Doch auch den vielen wird nichts erspart, auch sie müssen mit ihrem Leben dran. Es mag sein, daß der Ruck, den der Entschluß zur Ehelosigkeit fordert, den Menschen mehr durchschüttelt als die Heirat. Es kann sein, daß das Normale am Anfang lieblicher und anheimelnder ausschaut als alles, was nach Opfer und Vergehen schmeckt, was auf den Nimmerleinstag verschoben ist. Doch wenn die Geschichte beginnt, mit dem ersten Tag, fängt die Auswanderung an. Jener Schock aber, muß er nicht jeden Tag eines ehelosen Lebens gerettet werden aus der Wattierung, die sich allmählich darum legt?

Bedenken Sie noch Folgendes: Wer ehelos lebt, ist gewiß eine Ausnahme für seine Zeitgenossen. Das hat aber noch keine bestimmte, besondere Bedeutung, bloß für sich. Es gibt dafür genug natürliche Voraussetzungen und Motive, wie krankhafte Geschlechtslosigkeit, die Liebe zur Freiheit, einen alles fressenden Beruf, die biologische Neigung zum Verzicht auf den Eros, den Mangel an Partnern, soziale Druckverhältnisse und anderes mehr. Die christliche Bedeutung muß erst daraus gelöst und extra klargemacht werden. Sie hat nicht schon allein und für sich eine Signalwirkung, als fiele mit ihr etwas schlechthin Übernatürliches durch die Himmelstür. Was die große Wirkung maßgebender Menschen anbelangt, liegt sie nicht in ihrer Entscheidung für oder gegen die Ehe, sondern in ihrer Kraft, die Wirklichkeit zu zeigen, in ihrem Genie für das Leben. Mir kommt vor, es sei die symbolische Wirkung in der heutigen Zeit gemindert. Dafür gibt es bedauerliche negative Gründe genug, aber auch gute und begrüßenswerte. Diese liegen für mich in der stärkeren Aufmerksamkeit auf den Charakter des Lebens, das alles bringt, was eine ganze Hingabe möglich macht. Gott ist in allen Dingen und Verhältnissen zu finden. Dafür rückt die Hoffnung, die Ekstase tiefer in das Leben vor. Auch die Ehe muß nicht draußen bleiben. Das scheint mir ein Gewinn zu sein. Ich habe Ihnen nämlich nicht geschrieben, weil ich die Jungfräulichkeit nicht haben will. Ich glaube auch nicht neidisch zu sein. Ich möchte nur etwas zurückhaben für die Ehe, das ihr durch jene Teilung genommen wurde, daß sie eine Lebensbewegung ist im Atem Gottes selbst. Paulus und das Tridentinum haben gut daran getan, den Verzicht das Bessere und das Seligere zu nennen. Denn für alles gilt das Wort Jesu. *Wenn das Weizenkorn nicht in die Erde fällt und stirbt, bringt es keine Frucht.* Sie nennen den Durchbruch, der überall nötig ist, soll das Leben nicht an sich selbst ersticken.

Es ist nicht gut, wenn das auf Stände aufgeteilt wird. Schon gar nichts halte ich von der Rechnerei des Mehr und des Weniger. Sie hat die Stimmung des Neides und völlig überflüssige Überlegenheitsgefühle in der Christenheit eingeführt, die einmal den Ehelosen sagen: Ihr seid mehr bei Gott, ein andermal den Ehelichen: Ihr bringt mehr zu ihm. Die wirkliche Geltung der Kirchen vor der Welt und vor dem Geheimnis Gottes ist nicht zu messen an der Zahl der Jungfräulichen oder Verheirateten. Sie ist heimlich verstreut in denen, die leben und sterben lernen und allem, was sie dabei tun und leiden, die Form einer unbändigen Hoffnung geben. Die Statistiken müssen uns nicht schrecken, wenn wir das sehen lernen und anderen dafür Hinweise geben. Ich freue mich darüber, wenn da und dort so oder so, Lebenszeichen aufsteigen für das Vertrauen auf Sinn, das auch dann gilt, wenn die Welt verlorengeht. Wieviel erloschene Existenzen brauchen diese Winke. Sie sind nur möglich, wenn wir alle die Kunst des Lassens lernen.

Mein Mann nennt mich hie und da, um mein Mundwerk zu brandmarken, die Liselotte von der Pfalz. So unterschreibe ich mich für Sie, damit Sie es leichter haben, meine Ergüsse wieder zu vergessen. Ich füge herzliche Grüße dazu.

Postscriptum aus „Der seidene Schuh" von Paul Claudel (III, 8):

„Donna Prozea:	O sag! So war es denn gestattet? Diese Liebe der Geschöpfe eines zum anderen, so ist es denn wahr, daß Gott darob nicht eifersüchtig ist? Der Mann in den Armen des Weibes …
Der Schutzengel:	Wie wäre er eifersüchtig auf sein eigenes Werk? Und wie hätte er etwas geschaffen, das ihm nicht dient?
Donna Prozea:	Der Mann in den Armen des Weibes vergißt Gott.
Der Schutzengel:	Kann er ihn vergessen, während er bei ihm weilt? Kann fern von Gott sein, wer einbezogen ist in das Geheimnis seines Erschaffens und wieder für einen kurzen Augenblick die Edenspforte betritt durch das Tor der Demütigung und des Todes?" [6]

[6] Nach der Übersetzung von H. U. von Balthasar (Freiburg i. Br. 1965) (HB 199–200) 199.

Triumphe der Schönheit

Der Schrecken bricht herein, und seine Evidenz ist niederschmetternd. Im Augenblick. Ein wenig später, im zweiten, wird er schon geringer, mit der Zeit erträglich, und schließlich gehört er dazu, der Schrecken wird notwendig, er verschwindet hinein in das spätere Bild. Es ist, als wäre er nicht gewesen. Er wird nicht geleugnet. Seine Substanz wird umgesetzt, aufgezehrt und verwandelt.

Die Kinder züchteten Hasen. Sie hatten Kisten zusammengenagelt, Türen gezimmert, Stroh hineingelegt und das erste junge Paar hineingesetzt. Sie fütterten die Tiere alle Tage mit Gras, Heu, Klee, Salat, Rüben. Sie putzten den Stall, wenn es nötig war, trugen den Mist weg und ließen die Tiere von Zeit zu Zeit ins Freie, damit sie bessere Luft bekamen, sich aushoppeln konnten. Die Kinder liebten ihre Hasen. Das waren Wesen, die sich bewegten, schliefen und fraßen und sie brauchten. Die Kinder machten ihnen das Leben möglich. Es war ihr erster Versuch, von dem, was sie hatten, was sie konnten, an andere weiterzugeben. Da war viel Spiel dabei und gar nicht soviel klare Absicht. Aber wenn sie zum Stall kamen, ließen sie die Hände über das Fell gehen, wogen die Tiere, indem sie sie hochhoben. Sie freuten sich, wenn diese über die Rübenblätter herfielen und eins nach dem anderen verschwand, sorgfältig in schnellen Bissen zerlegt. Die Kinder schmeckten es mit.

Als sie eines Tages mit einer schönen Portion jungem Klee zu den Hasen gingen, sahen sie einen, den scheckigen, in der Ecke hocken. Er ließ die Löffel hängen, hatte trübe Augen, und das Futter lockte ihn nicht hervor. Er ist krank, sagten die Kinder, vielleicht hat er sich überfressen, oder er hat ein giftiges Blatt erwischt. Sie schütteten ein wenig Milch in den Futternapf, streichelten ihn und dachten, morgen früh wird er wieder gesund sein. Am nächsten Tag kamen sie noch vor dem Frühstück, um nachzusehen. Da lag der Scheckige im Stroh und rührte sich nicht mehr. Die Kinder hoben ihn auf und spürten, daß er steif war. Die rotzigen Augen staken wie feste Knöpfe im Kopf und schauten nicht mehr. Das Tier war tot. Als sie nach dem anderen sahen, bemerkten sie, daß es dasaß wie gestern der Scheckige. Es wollte nichts mehr fressen. Die Kinder wußten, daß auch der zweite Hase sterben würde. Sie fragten den Vater, was sie tun könnten. Er wußte keinen Rat. Sie warteten bis Mittag, dann lag auch der Graue da und war tot.

Die Kinder sagten, wir werden sie begraben, im Föhrenwald oben. Sie schoben den kleinen Leiterwagen aus der Wagenhütte, schmückten ihn mit Blumen und legten die Leichen der Hasen darauf. Eins nahm die Deichsel, die anderen gingen zur Seite des Wagens. Sie zogen ihn aus dem Hof, sie fuhren über den Gassenweg hinauf zur kleinen Brücke. Während sie ihre Prozession hielten, sagten sie nichts. Sie hätten leicht einiges rezitieren können, was sie bei Begräbnissen und Totenwachen von den großen Leuten gehört hatten. Aber der Mund war ihnen zugefallen. Der Tod war nahe an sie herangekommen, sie konnten nicht reden. Was sie wußten, hatte er ihnen zurückgestopft in die Seele. Sie gingen still über die

Brücke und stiegen hinauf in den Wald. Sie suchten eine Stelle, eine Mulde zwischen zwei jungen Föhren. Dort machten sie eine Grube, legten die Hasen hinein, schütteten sie zu. Das Grab war leicht zu sehen, aber es sollte seinen Schmuck haben. Sie hoben auf der Wiese einige Skabiosen samt dem Wurzelstock aus dem Rasen und setzten sie in die lockere Erde, eine winzige Birke pflanzten sie auch um. Dann nahmen sie die Werkzeuge, legten sie auf den Leiterwagen und zogen schweigend in den Hof zurück.

Danach vergingen die Tage so schnell wie vorher. Der Stall war längst mit anderen Hasen besetzt. Zwei, dreimal hatten die Skabiosen schon geblüht, die Birke stand höher. Die Kinder spielten gern im Wald. Mitten in einem Räuber-und-Gendarm-Kampf kam ihnen der Gedanke, sie könnten einmal nachschauen, was mit den Hasen sei, die sie in die Mulde gelegt hatten. Sie holten eine Haue und räumten vorsichtig die Erde weg. Aber es war nichts mehr zu finden. Keine Spur von den Tieren, sie waren verschwunden. Die Kinder schüttelten den Kopf. Damals war ihnen so leid gewesen, sie hatten alles wirklich erlebt, der Tod hatte sie stumm gemacht. Nun war er nicht mehr vorhanden. Sie ebneten die Erde wieder ein. Lauter Leben war zu sehen, die Föhren, die Birke, die Skabiosen und Moos und Gräser.

In den Göttergeschichten der Griechen fing es an mit Uranos und Gaia. Jede Nacht kam der Himmel zu seiner Gattin, der Erde, um mit ihr zu schlafen.

Er zeugte Kinder. Aber keines von denen, die aus seiner Umarmung entstanden, liebte er. Sobald sie geboren waren, versteckte er sie wieder im Bauch der Mutter Erde. Sie durften nicht auf die Welt kommen. Der Mutterleib, Ort der Zeugung und Gebärung, sollte sie behalten. Sollten sie darin ersticken? Uranos zeugte weiter in Gaia, ihr Leib schwoll an, von Kindern und vom Zorn. Der Vater haßte die Leibesfrüchte, weil er ihre kommende Macht fürchtete. Die Mutter wurde ihm böse, weil er ihr die Last der Gezeugten nicht abnahm. In dumpfem Schrecken verhielten sich die Kinder. Die Urmutter griff endlich zu einer List. Sie schuf ein Metall von göttlicher, unbezwingbarer Härte, machte daraus eine riesige Sichel mit scharfen Zähnen,

> „und wandte sich an ihre Kinder; und, ihren Mut zu erregen, sprach sie, unwillig in ihrem Herzen:
> ‚Ihr meine Kinder, Kinder eines ruchlosen Vaters, vielleicht, daß ihr gewillt seid, mir zu folgen, laßt euch vergelten des Vaters schlimme Schandtat, wenn er auch euer Vater ist;
> denn er hat begonnen und häßliche Tat erdacht.‘
> So sprach sie, aber die alle packte Furcht, und keiner von ihnen sprach.
> Mut aber faßte der große, Krummes sinnende Kronos, und alsbald sprach er zu seiner Mutter mit den Worten:
> ‚Mutter, ich bin es, der willens zu versprechen und so auch zu vollbringen dieses Werk,
> weil ich Rücksicht nicht kenne für einen Vater, dessen Name zu verabscheuen ist,
> wenn er auch unser Vater ist.
> Denn er hat begonnen und häßliche Taten erdacht.‘
> So sprach er; und es freute sich sehr im Herzen die ungeheure Erde.“ [1]

---

[1] Hesiod, Theogonie 162–173.

Der jüngste der Söhne wollte die Rache vollziehen. Die Mutter gab ihm die Zahnsichel, versteckte ihn in einem Hinterhalt, in der Nähe des Meeres. Sie sagte ihm genau, was er zu tun hatte. In der Nacht kam Uranos wieder, gierig nach der Vereinigung. Er umschlang die Erde und legte sich breit über sie. Da griff der Sohn aus dem Hinterhalt zu, erfaßte mit der Linken das Geschlecht des Vaters, mit der Rechten schwang er die Sichel und in einem Zuhauen schnitt er es ab. Dann warf er das blutende Glied über die Schulter hinter seinen Rücken. So entfernte er die Macht seines Vaters, das rasende Geschlecht. Es fiel ins Meer, trieb eine Weile dahin, von den Wellen getragen. Es versank nicht. Ringsum bildete sich weißer Schaum. Das Blut verschwand. Rein waren die Teile der Scham geworden, getrennt vom Mann, ganz für sich schwammen sie. Auf einmal, wie es in den Wundern zugeht, wuchs im Schaum ein Mädchen. Plötzlich war es da. Von den abgehauenen Geschlechtsteilen war nichts mehr übrig, kein Blut, keine Wunde, kein Zucken verriet die fürchterliche Tat.

Das Meer rauschte, Aphrodite schwamm darin, strahlend, nackt, die vollkommene Schönheit, die Göttin der Lust. Sie ließ sich gegen Zypern treiben.

> „Und heraus schritt da die ehrwürdige schöne Gottheit, unter dem Tritt ihrer schlanken Füße schoß auf ringsum die Wiese." [2]
>
> „Da nahmen die Horen mit goldenem Stirnreif grüßend sie auf und hüllten sie ein in unsterbliche Kleider, krönten ihr dann mit dem goldenen, herrlichen, trefflich gewundenen Kranz das unsterbliche Haupt. Ins Löchlein am Läppchen der Ohren steck-

[2] Hesiod, Theogonie 194–195.

ten sie Blumen aus kostbarem Gold und aus Messing, behingen dann noch den zarten Hals und die schimmernden Brüste mit goldenen Ketten, womit die Horen sich selber schmückten, sooft sie, goldene Reifen im Haar, zum lieblichen Reigen der Götter und zum Hause des Vaters gehen. Als alles ganz getan war, führten sie Aphrodite im vollen Glanz ihres Schmuckes jetzt den Unsterblichen zu. Sie riefen ‚Willkommen!' beim Anblick, reichten die Rechte ihr hin, und jeder fühlte Verlangen, daß sie Gattin ihm werde und heim er sie führe. So weckte Staunen und Wunder der veilchenbekränzten Kythera Erscheinung." [3]

Wo war die Sichel? Wo war die Angst, der Haß, die List, der Aufruhr, das Mißtrauen, der Hieb nach dem Geschlecht? Die Verwandlung war vollkommen, der Schrecken in der Schönheit ohne Rest aufgehoben. Seine Gewalt war umgesetzt in das Zittern, das alle befällt, wenn sie die Göttin erblicken.

Als sie den Propheten gefangen hatten, brachte ihn das Kommando vor den Richter. Diesem war schon alles klar, seine Untersuchung hatte er längst gemacht. Der Prozeß mußte nicht lange dauern. Nur ein Problem war offen: Wer sollte diesen Jesus auf seine Kappe nehmen? Der Priesterschaft war es lieber, wenn der Ungläubige alles erledigte. Man mußte ihn nur motivieren. Das konnte nicht schwer sein, denn er war jemand und wollte noch etwas werden. Tatsächlich gelang es leicht. Pilatus war genau an der Stelle empfindlich, an der ihn

[3] Homerische Hymnen 6, An Aphrodite 5–18.

die Tempelpfarrer berührten. Er gab nach, tat alles und mehr. Wenn die Gewalt im Gang ist, kennt sie nur Konsequenzen.

Die Kohorte nahm den Galiläer und gab ihm zuerst die Peitsche. Sie hängten ihn an die Wand, so hoch, daß er sich mit den Fußballen ein wenig aufstützen, aber nicht stehen konnte. Schön gestreckter Menschenleib, gespannte Muskeln, ausgebreitete, nackte Haut. Da freut sich die auffahrende Hand, vor so viel Ziel, so viel Herausforderung, so viel Praxis. Sie traten herzu, der Reihe nach, und zogen ihm den geflochtenen Riemen über. Es fiel kein Wort. Der Delinquent zuckte. Beim zwanzigsten Hieb begann er zu stöhnen. Die Schläge ließen nicht nach, schwitzend, schnaufend hieben sie auf den Sträfling ein. Lang genug.

Der Kopf war ihm an die Wand gefallen. Er gab keinen Laut mehr. Sie warteten eine Weile, ehe sie die vorgeschriebene Zahl der Schläge voll machten. Er durfte ihnen nicht jetzt abkratzen, sie hatten ihn lebend ans Kreuz zu bringen. Als sie fertig waren, ließen sie ihn vom Seil, und bewußtlos wie er war, fiel er ihnen zwischen den Händen zu Boden. Da lag er stundenlang, regungslos. In dünnen Fäden floß sein Blut über die Fliesen. Die Gerüche aus dem Abort zogen herein und mischten sich mit dem Dunst aus Schweiß, Angst und feuchtem Moder. Als es Zeit war, kamen die Legionäre, um nach ihm zu sehen. Einer hatte eine Schüssel Wasser, die er Jesus hinhielt. Er schlug sein Gesicht hinein und trank sie aus, in einem Zug. Das Brot, das sie ihm geben wollten, wies er ab. Aber noch einmal Wasser, deutete er. Dann rissen sie ihn hoch.

Endlich hatte er die Prozession hinter sich. Sie waren oben bei den Pfählen, auf dem Platz der Hinrichtung. Der Gotteslästerer stand nackt vor seinen Henkern. Er sah gerade aus, blickte keinen an. Als sie ihn an den Kreuzbäumen festmachten, ging sein Atem hoch, aber er schrie nicht. Es schien, als fiele jeder Ausdruck für seine Qual tief in ihn zurück, so weit hinab, daß er ihn selbst nicht mehr zu heben vermochte. Sie stellten ihn auf.

Der Platz war laut. Die Zuschauer spotteten, stritten, spuckten aus. Die wenigen Anhänger des Justifizierten standen verschreckt herum. Nur die Wachen schauten die ganze Zeit über zu, wie gestorben wurde. Das Publikum kam und ging, es sah nicht die ganze Länge des Sterbens, das Hängen, Herabsinken, Hinaufziehen, das Spiel der Muskeln und Knochen, die Verfärbung der Haut, blau und rot, und die Verzerrung des Gesichts. Es hörte nur wenig vom Keuchen und Röcheln, von den kurzen Schreien, die Jesus häufig ausstieß. Wer schaut den Tod ganz an, in seiner vollständigen Ausdehnung? Wer hat dafür genug Auge? Gegen das Ende zu wurde der Krampf des Körpers heftiger, die Schreie gingen in ein hohes, langgezogenes Stöhnen über. Dieses brach plötzlich ab. Der Verurteilte sank in sich zusammen, verrenkte im Tod seine Glieder abscheulich, Speichel tropfte aus dem offenen Mund, die Augen, blutig angeschwollen, sprangen aus den Höhlen. So starrte das Gesicht des Toten auf die Erde unter ihm, auf die es aus seinem Leib herabrann, alles, was er noch hergab, ehe ihn die Starre verschloß.

Noch vor dem Abend räumten sie ihn weg und taten ihn irgendwo in die Erde. Der Platz, auf dem er gestorben war, Golgota, war leer. Die Kreuzbäume standen noch da, Katzen und Hunde strichen herum auf der Suche nach Futter. Der Geruch des Sterbens schwelte über dem Boden.

Wie der Name des Justifizierten auf die Piazza kam, auf den Platz vor dem Dom des heiligen Petrus? Wer kennt den Flug, wer hat diese Versetzung einen Atemzug lang mitgemacht? Was für ein Wechsel der Orte!

Da steht die Kuppel, die schönere Wiederholung des schönen Himmels. Das Licht fängt sich in ihr, verfließt nach unten, durchströmt die Hallen, die triumphierend aufgerichteten Säulen. Nicht umzuwerfen, für ewig gesetzt. Das schöne Oval, die Arme der Kolonnaden, die Brunnen, die Wasserbögen, der Obelisk, das Siegeszeichen. Er siegt, er regiert, er hat die Herrschaft. Bella Piazza, alles hat diesen Stil. Nichts von der Architektur des Kreuzes, nichts durchgestrichen, alles rundet sich, stimmt in höchstem Maß zusammen, ein vollkommenes Theater Gottes, ein grandioser Saal für die prunkvollsten Epiphanien. Fehlerlos und genau gekleidet zieht der weiße Bischof durch die Szene, das Publikum ist festlich gestimmt, Gewänder, Bauten, Fassaden, Krypten, Kulissen passen. Die gesamte Regie des Auftritts der Christenheit auf ihrem schönsten Platz ist in lückenloser Stimmung adelig. Piazza di San Pietro, durchdröhnt von Jubel, Beifall und Anbetung, Glorie des Glücks.

D*enn das Schöne ist nichts als des Schrecklichen Anfang, den wir noch grade ertragen, und wir bewundern es so, weil es gelassen verschmäht, uns zu zerstören*[4].

Was diese Verse Wahres enthalten, wird erst zu erfahren sein, wenn man sie umdreht. Das Schöne ist des Schrecklichen Ende und Ziel. Über den verendeten Tieren blüht die Natur. Was sie waren, ist umgeschmolzen, und ihr Verwesen ist Pflanze, Baum, Erde. Die fürchterliche Wunde des Uranos, die Verstümmelung des Lebensglie-

---

[4] Rainer Maria Rilke, Duineser Elegien I, in: Sämtliche Werke II, 685.

des, ist zur schönsten Gestalt geworden, an der nichts mehr blutet, Glanz und Charme und Anziehung von den Augen bis zu den Füßen. Die Piazza hat Golgota ersetzt. Hostie und goldener Kelch, keine Spur des Leidens mehr. Der nackte Tote wird repräsentiert von Wohlgekleideten, sorgfältig Angezogenen, nach einem Drehbuch und Anweisungen, die keine Überraschung zulassen. Jenen Platz der starrenden Pfähle, der Krähen und Hunde, des Schweißes und des Blutes kennt niemand mehr. Vergessen, verdrängt, verbaut, verwachsen, scheu umgangen schon immer, nur von weitem angeschaut, Treffpunkt der Dämonen. Platz, an dem kein Bleiben war, an dem man nur flüchtig zu sterben hatte, die Gehenkten mußten bald weg. Dafür ist jetzt die Piazza, schön, geschlossen, heimatlich, wohnlich für jede Versammlung, einladend zum Bleiben, zur Feier, ein ewiges Haus der Freude.

Unser Einverständnis mit diesem Wandel ist stärker als die Empfindung für den Schrecken, der am Anfang war. Wir erlauben ihm nicht mehr, innerhalb der Schönheit, die ihn abgelöst hat, in Erinnerung zu bleiben.

Niemand gelingt es, im Tod, im Augenblick der Vernichtung haltzumachen, in der Zerstörung zu bleiben, in der reinen Anschauung des Nichts zu wohnen. Dafür gibt es keinen Kult, nur das nackte Entsetzen. Dieses läßt sich nicht wiederholen wie gute und schöne Ereignisse. Im Schrecken gilt der Augenblick, in der Schönheit die Dauer.

Das Ereignis des Fürchterlichen hat es schwer in der Geschichte, im zeitlichen Gedächtnis wahr zu bleiben. Was daraus wird, ist so stark und zwingt sich so ausschließlich ins Gemüt, daß die Erinnerung immer abgleitet. Es kann nicht mehr kommen, es muß eine Episode bleiben. Schon wenn einer den Stift übers Papier zieht, den Meißel ansetzt, um eine Darstellung der Tortur oder des Sichelhiebes zu schaffen, versetzt er sich weg aus der Mitte des Entsetzens. Die zwingendste Evidenz des Schmerzens, die in der Kunst zustande kommt, ist dessen Aufhebung und Versetzung ins Schöne. Im Augenblick, wo erwürgt, erstochen, erstickt, erschlagen, ertränkt wird, geschieht etwas, was nur im Augenblick selbst wirklich ist, nur in ihm geschmeckt werden kann. In alle späteren Bilder geht das nicht mehr ein. Kruzifixe sind immer schön, der Vorgang der Kreuzigung selbst ist es nicht. Da stimmt nichts, da paßt nichts, da gibt es keinen Glanz der Proportionen, da gibt es keine Zeit, eine schöne Rückenpartie zu studieren. Ohne Gestalt, ohne Sinn zerbricht ein Stück Welt. Nur die Augen derer, die noch in Ordnung sind und nichts als Ordnung sehen wollen, bringen dieses Chaos wieder zurecht, nach den gewaltsamen Gesetzen des Schönen, aber nachträglich.

Die Übergänge sind sehr erleichtert. Kein Ereignis bleibt in seiner ersten Gestalt stehen, jedes ist angewiesen auf die Wiederholung im späteren, fremden Bewußtsein. Wir reden viel von Schlachtung, Opfer und Blut, wir begehen die Hinrichtung Jesu feierlich, in schönen Gesten und gemessener Sprache. Die Darsteller Jesu agieren in weitem Abstand zu ihm, zu dem, was er wirklich erlebt hat. Die Symbole gehen ihnen nicht ans Leben, es fließt kein Blut. Sie sind ungefährlich wie das Zuschauen aller, die aus der Distanz besehen, was einmal am anderen passiert ist. Daher ist das Blutereignis so leicht, so oft zu reproduzieren, das Stück kann unendlich viele Male gegeben werden. Daß der Schrecken endgültig in Schönheit mündet, macht ihn harmlos, alltäglich, erträglich. Weil er völlig übersetzbar ist, verschwindet er aus der Situation. Er könnte wenigstens lähmen, so daß die ihn erlebenden Menschen unfähig werden, ihn weiter zu verursachen. Aber die Chance, aus den Verwüstungen zu lernen, verschwindet in der Freude an dem, was anderes daraus geworden ist. Der Schrecken kann also, als wäre er nie gewesen, immer wieder ausbrechen. Alle seine Ergebnisse sind schön zugedeckt von der sanften Maske, der Tradition.

Irgendwann aber hat es das Entsetzen einmal gegeben, unwirklich ist es nicht geworden, sondern die Schleier der menschlichen Ästhetik haben es tief verhängt. Sie zittern von der verborgenen, anspringenden Gewalt des Schreckens, den sie verheimlichen. Die Ahnung des Gefährlichen kommt. Es kann freilich nicht selbst hervor. Es blitzt, es berückt in der überfallenden Evidenz des Schönen. Das Köstliche hat seine Allmacht aus der Substanz des Schreckens, der verwandelt wurde.

Leicht ist es, die Würde des Opfers, der verwesenden Hasen, des verstümmelten Urvaters, des gehenkten Juden umzusetzen in nährende, berauschende Mächte der blühenden Natur, des quellenden Eros, der Sinnfigur einer religiösen Szene. Fällt uns die ästhetische Verwertung derer, die unter die Walzen geraten sind, deutlich genug auf? Es scheint keine Frage zu sein, daß sie erlaubt ist. Sind wir nicht so entworfen, mit solchen Augen? Ist es nicht Schicksal, so verwandeln und vergessen zu müssen? Ist es nicht mehr – ein befreiendes, aus dem nichtenden Nichts forttreibendes Gesetz des Seins? Wir sagen darauf zu schnell ja. Ein kurzes Zögern vor unserer Zustimmung wäre nötig, um wenigstens dem Zweifel Zeit zu geben, der minimalen Ehre, die wir dem vergessenen Schrecken erweisen können. Genügt es, wissen zu wollen, daß wir glücklich werden, am guten Ende, um jeden möglichen Preis? Wie, wenn wir durch diesen gedächtnislosen Triumph der Schönheit dumm und gefährlich würden, selbst Opfer einer verfallenden, bösen Lust an der Harmonie?

Der verhöhnte Jude, der spurlos verscharrte Jesus hat immerhin einen unruhestiftenden Gedanken in die Welt gebracht, der sich nicht mehr stillegen läßt. Wir müssen unter den Schleiern der Herrlichkeit zurück an die Quelle des Schreckens. Wir müssen erfahren, wo seine Opfer bleiben, uns vergewissern, ob sie nicht ein zweites Mal und dann ein für allemal vernichtet wurden als das Baumaterial einer Kathedrale aus Genuß, Sinn und Schönheit. Wir müssen heraus mit dem Eingeständnis, daß wir unfähig, ohnmächtig und unwillig sind, das Entsetzen wahr sein zu lassen, daß wir das Blut nicht zu würdigen vermögen. Daß wir es nur verwenden, daß wir einer Hilfe bedürfen, um es wahr sein zu lassen. Die finale Fügung darf uns nur beseligen, wenn der Anfang seine Evidenz behält. Wir haben die Schönheit zu suchen, die der kalten Verwandlungskunst der Natur das Gedenken einstiftet, der erotischen Metamorphose das Bewußtsein der Kosten, der religiösen Aneignung die unbedingte Andacht zu den Verbluteten, eine wahre Schönheit, die sich nicht glänzend abhebt, in der die Gestalten nicht ersetzt, nicht benützt werden, sondern die unvergeßlichen, sichtbaren Elemente sind an einem Sinn, in dem wir alle übereinstimmen.

Der beneidete Engel

In der Kirche, die ich als Kind besuchte, stand zu Weihnachten eine Krippe. Es war ein steinkaltes Gotteshaus mit wenigen Farben und geringer Abwechslung. Weil unser Platz nahe daran war, hatte ich es gut. Meine Augen hingen samt meiner Phantasie an den Figuren. Jedesmal war es der Engel über der Szene, der mich anzog. Während die Zehen in den Schuhen kalt wurden, sah ich ihm zu. Er hing an einem feinen, goldenen Faden, der irgendwo droben angemacht war. Langsam drehte er sich über den Gestalten und Ereignissen unter ihm. Manchmal brauchte er von der Wandlung bis zur Kommunion, um sein Gesicht vom Jesuskind zu den Kamelen zu wenden; so gemessen ruhig, wie es kein Ministrant und auch der Herr Dechant nicht gekonnt hat. Er schwebte über den Schafen und Hunden, er war über den Hirten hinter den Büschen, sogar über Jesus, Josef und Maria. Er schaute den Ochsen auf die Hörner, der Esel mußte komisch aussehen von oben! Nach Dreikönig waren die Männer mit den Geschenken dabei und noch mehr Tiere, die es in unserem Stall daheim nicht gab. Immer aber der Engel, am goldenen Seil, oben, mit geöffneten Schwingen im Gleitflug über der schönen Geschichte. *Er sah.*

Da las der Priester zwischendurch auch die häßlichen Begebenheiten vor, von Herodes, vom Kinderschlachten. Von den Betlehemiten, die ihre Türen zuschlugen, wurde gesungen. Auf der Krippe war nichts davon, kein Messer, keine Flüchtlinge, keine schreiende, nur eine glücklich versunkene Mutter, ein sattes, kein totes Kind. Der Bub im Kirchenstuhl neben dem andächtigeren Vater dachte, was wohl der Engel täte, wenn er die Mörder rennen sähe, wenn das Blut alles rot machte, wenn Leichen herumlägen, wenn Josef das Kind aus dem Stroh nähme, um davonzulaufen, wenn Maria die Hände zusammenschlüge? Müßte die Schnur reißen, an der er hing, würde er sie mit einem scharfen Flügelschlag kappen, herabspringen, irgendwoher ein Schwert ziehen, verteidigen, schlagen, stechen, verhaften? Er kam zu dem Schluß, daß der Engel oben bliebe, daß er sein Tempo und sein Geschau nicht ändern, nicht einmal mit der Wimper zucken würde. Er war aufgehängt – oder war er von oben herabgelassen? –, daß er ohne Belästigung, ohne Beschäftigung *schaue.*

Es war schon allerhand Wünschen an der Arbeit. Vergehen doch keine zehn Jahre vom Leben, ohne daß es unüberblickbar wird. Am Anfang geht es noch. Da hat man viele geliehene Augen, die Organe sind kurz und schwach, die Welt ist klein, durchsichtig und zuhanden. Damit ist es bald aus, war es längst aus für den Buben, der sich vom Engel die langen Messen hindurch unterhalten ließ. Er wäre zu gern an der Stelle des Schauenden oben gewesen. Denn in der Krippe kam er selbst auch vor. Er besiedelte sie mit seinen Erlebnissen und den Figuren seines Lebens. Ein Hochamt lang war auf einmal alles voll Schule, Hefte flogen durch die Luft, Zeugnisse, Fünfer und Kreide wirbelten durcheinander. Die gutmütig geschnitzten Gesichter der Hirten wurden fremd, unter den Hunden waren plötzlich Wölfe. Es war finster, gefährlich, unheimlich. Lag nicht das Jesuskind lachend im goldenen Stroh? Lag er nicht selbst daheim so wohl in seinem Bett? Seine Eltern waren gut mit ihren Kindern wie Maria und Josef. Am Abend kam die Mutter noch, vor dem Einschlafen, untertags hatte sie Zeit, den Kopf des Kindes in ihre Schürze zu nehmen. Er konnte am Herd sitzen, während sie kochte. Es ging ihm zeitweilig so gut wie dem Krippenkind. Beim Vater, neben seine braune Hand die eigene kleine auf den Pflug legen und gehen, den langen Acker hinüber. Da konnte niemand dazwischen. Er war nicht schlechter dran als der kleine Jesus. Aber das war nicht stark genug gegen das Undurchdringliche, das immer stärker da war. Um den beleuchteten Stall war es dunkel. Ein Jenseits sah bei den Fenstern herein, umwogte, unendlich wie die Nacht, den hellen Aufenthalt. Konnte es nicht auf einmal hereinbrechen, alles überfluten und begraben? Wie, wenn aus dem Dunkel plötzlich Fratzen auftauchten? Was versteckt sich dort? Warum war es nicht überall hell? Die Welt war zu den entsetzlichsten Wechseln fähig. Er wußte es von der Eisenbahn, an der das Haus lag, in dem er daheim war. Da fuhren die regelmäßigen Personenzüge, friedlich und gutmütig, aber dazwischen immer häufiger Kriegszüge mit Soldaten und Geschützen und schrecklicher die Züge mit den Sträflingen, die, wie er als Zehnjähriger wohl wußte, für das Todeslager bestimmt waren. Mauthausen war nahe und war ihm ein Begriff. In eiskalten Winternächten warfen sie die Toten aus den Waggons, sie lagen auf der Wiese. Man sah, daß die Hungernden sie angefressen hatten.

Die Häuser waren ihm oft wie Labyrinthe. Er ahnte schon ziemlich deutlich, daß es nicht an den Gebäuden lag. Die Leute waren es, die das Unheimliche erzeugten. Einmal waren sie so, und plötzlich waren sie anders. Vieles, das er sie reden hörte, war ihm unklar, aber nicht gleichgültig. Die Gesichter waren wichtig, doch mit ihrer Verläßlichkeit stand es schief. Wer sah da hinein?

Sah er denn in sich selbst? Kannte er sich aus in seinem Brustkorb? Konnte sein Auge überall hin? Er hatte ein Erlebnis, das ihm später nie mehr auf längere Zeit entfallen sollte. Eines Tages waren die Milchkannen zu holen. Auf dem Weg zum Abstellplatz kam er an einem riesigen Kirschbaum vorbei. Die Kinder kannten ihn gut, kletterten gern in seinen Ästen. Die große grüne Wölbung umfing sie, daß sie sich vorkamen wie in einem vertrauten Haus. Der Bub hatte seine gewöhnlichen und ganz vergessenen Gedanken, während er sich dem Baum näherte. Als er unter den Ästen durchgehen wollte, hielt es ihn an, mit einem Ruck von innen. Wie, wenn es Gott gar nicht gibt? Er konnte nicht weitergehen. Nie zuvor war ihm das zweifelhaft gewesen, nie hatte er diesen Gedanken vorgeübt. Jetzt überkam er ihn, unvermutet, so gewöhnlich zufällig wie überreife Kirschen vom Baum fielen. Woher das? Wer war er denn, daß ihm solche Sachen einfallen konnten, ohne daß er sie wollte oder nur verschwommen voraussah? Er brauchte die doppelte Zeit, bis er mit den Kannen heimkam. Der Schrecken hielt ihn, zog ihn innerlich nieder. Nicht nur davor, daß die schwarze Möglichkeit um sich griff, das Haus der Welt könne leer, ihr heimlichster und wirklichster Bewohner nicht sein, einfach nicht vorhanden sein, sondern noch mehr vor sich selbst, daß er sich da drinnen unbekannt, daß er ausgeliefert war. Was konnte ihn noch alles überfallen? Wo sollte er hin, wenn er vor sich nicht sicher war?

Deshalb imponierte ihm der Engel und er beneidete ihn. Die Vorteile, die er genießen konnte, leuchteten dem Buben manchmal mehr ein als die unterhaltsame

Szene vor dem Jesusstall. Da hing er, war oben und drüber, jenseits der Verwicklungen, über den Winkeln, Ekken und Büschen, hell über dem Unterholz. Es konnte ihm nichts geschehen. Er war unverletzlich und sah alles. Deshalb bewegte er sich so ruhig. Nichts Unvermutetes, nichts Drohendes gab es für ihn, denn seine Augen konnten ohne Hindernis überall hingehen, prallten an keinem Vorbehalt ab. Es gab keine Dunkelheit. Er wußte alles, er überblickte alles, er sah alles kommen und behielt alles im Auge, überallhin. Es gab nur eine Bremse in diesem Verlangen, den Gedanken, ob er es aushielte, wenn er es zum Engel bringen könnte. Die Vorteile wurden aufgewogen durch die Opfer, die eine solche Erhebung wohl kosten würde. Der Vater, die Mutter blieben dann unten, die Brüder, die Schwestern, die Katzen, die Hasen, alles, was er gern hatte. Was blieb ihm dann? Das Vergnügen der Heiterkeit über den Leuten, auf die er hinabsehen konnte. Wenn aber unten was passierte, mußte er nicht kopfüber hinab in die Schürze der Mutter? Einen Hasen zu retten? Dem Vater zu helfen? Seine Liebe unten und sein Wunsch nach oben fielen verwirrend übereinander her.

Der Engel war ein Kristall, er selbst eine Zwetschge. Gabriel sah sich durch und durch, er aber kannte seinen Kern nicht, wußte nicht, ob dort nicht Würmer hausten, ob er nicht ganz anders war, als er war.

Volare, Cantare. Felice di stare lassú. Fliegen, singen, o Glück, oben zu stehen. Castelgandolfo, ein Mittag im August. Im Hof des Papstes das Publikum der Audienz, Lieder und Fahnen, alle Sprachen durcheinander. Der Student der Theologie stand wie die anderen erwartungsvoll auf dem Pflaster, den Kopf andächtig im Genick. Er dachte an seinen Engel über der Krippe. Pius XII. schwebte hoch über den Augen, ein schöner, weißer Mann, der von Mal zu Mal, wie an Fäden, seine Gestalt drehte, die Arme hob und senkte in puppenhaftem Rhythmus.

Stündest du da oben, wärest du deine Zweifel los, die ganze seelische Schinderei. Du throntest auf dem Balkon über der Brandung deiner ehemaligen Probleme. Dein Blick hätte sich endlich befreit aus der Fesselung durch die tausend Einzelheiten, er wäre heiter zurückgekehrt in dich selbst und stark geworden, über alles hinwegzuschauen und alle zusammenzufassen. Die Welt würde eine Kugel vor dir. Du brauchtest niemand zu fragen, die Leute schauten auf zu dir und trauten dir klatschend und singend alles Wissen zu. Du dürftest die Wohltat dieses Gegenübers auskosten. Selbst außerhalb der Pflicht, Frage und Antwort aushalten zu müssen, wärst du den Christen unter dir die Kenntnis, die Stimme, die Gegenwart, die Garantie der warmen Sicherheit. Sie dürften daheim sein in deinem erhobenen Bewußtsein, das nicht von ihrer Welt war, nicht ihren Gesetzen ausgeliefert. Du könntest dir die selbstverständliche Ungeduld des Engels aneignen, der Zacharias auf den Mund schlug und stumm machte, weil dieser Einwände bringen wollte. Wie ruhig würde die Welt um dich. Wärst du da oben.

Indessen hatte sich eine Wolke über den Palazzo geschoben, ein heftiger Platzregen ging nieder. Schirme sprangen auf, Kapuzen wurden über die Köpfe gezogen. Auch der Student senkte seine träumenden Augen vor dem Wasser, das von oben kam. Seine Seele kehrte auf das Pflaster zurück.

Er las bei Thomas von Aquino die Frage, ob Christus von Maria ohne Schmerzen geboren worden sei, und die Antwort darauf: „Der Schmerz des gebärenden Weibes rührt davon her, daß sich die Wege öffnen, durch die das Kind hervorgeht. Nun ist aber bereits oben erwähnt worden, daß Christus aus dem verschlossenen Schoß seiner Mutter hervorging: daher kam es bei ihr nie zu einer Öffnung dieser Wege. Deswegen war diese Geburt ohne Schmerz und irgendwelche Verletzung." [1] Jesus kommt aus einer Mutter. Er soll wenigstens von dieser Seite das wirkliche, anfaßbare Menschenleben erhalten. Aber es gehörte sich nicht, daß die Entbindung des Embryos ins Freie geschah, wie es normalerweise vor sich geht, nach biologischen Gesetzen. Das Kind flog auf dem Engelweg aus dem Bauch nach draußen. Es mußte nicht die Enge erleben, die fleischliche Schwierigkeit am Anfang. Die Mutter mußte nicht pressen, sie spürte keine Wehen, ihr Schoß stand still wie helle, windlose Luft, er war wie nicht. Es war keine Bewegung und keine Arbeit im Fleische nötig. Das Kind war auf einmal da.

Die Leugnung des Menschenweges unten heraus kommt nicht von ungefähr. Das Drückende, die Atemnot, die Lage zwischen den Wänden aus Fleisch ist ein altes Ärgernis. Der Heiland darf sonst allerhand erleben, Menschengleiches mitmachen, nur das Mysterium der Schoßenge soll er nicht erleiden. Der Instinkt, der noch in den allgemeinsten Gedanken über das Wesen des Christus seine Interessen sucht, fährt von diesem Ort zurück, wo der Mensch die wehrloseste Gestalt hat. Hinauf in die blitzartige Bewegung der unstofflichen Gestalten geht der Zug dieser spekulierenden Phantasie. Da unten ist nichts zu finden, nichts zu suchen. Heraus mit dem

[1] STh III q. 35 a. 6 c.

Heiland aus dieser Schlucht. Die Sehnsucht nach dem Stil der Engel überläßt den Abgrund des Fleisches sich selbst, an dieser Stelle, die wie keine das Symbol unserer Lage ist und wie keine die Gegenwart des Lichtes braucht, das alles erleuchtet. Die Flüge, die Träume, die Verweigerung der Anwesenheit, die Entleerung des Platzes, weil anderswo das Eigentliche lockt. Bald werden die Dämonen einziehen und ungehindert herrschen.

Getrieben von den Pflichten und gezogen von seiner Neugier, las er, für Prüfungen, für seine Bildung, aus freier Lust querfeldein. Und stieß immer wieder auf Gabriel. Immer wieder der goldene Faden, die freie Höhe, die Entrückung aus dem massiven Gewirr der Einzelheiten.

Bernger von Horheim, ein Lyriker des 12. Jahrhunderts:

„Mir ist immer zumute,
als ob ich über die ganze Welt hinflöge
und sie gänzlich mir gehörte.
An welchen Ort ich auch denke,
ich könnte ihn mit einem Sprung erreichen.
Wie weit es auch ist,
wenn ich will, ist es ganz in meiner Nähe.
Stark, behend, mächtig und frei ist mein Sinn:
Darum bewege ich mich so schnell.
Kein Tier im Wald kann mir entkommen.
– Ist alles gelogen, ich bin schwer wie Blei. –“ [2]

---

[2] Epochen der deutschen Lyrik, 1: Von den Anfängen bis 1300, hg. v. W. Höver–E. Kiepe (München 1978) (dtv WR 4015) 75.

Träume der Allgegenwart, der Allmacht, über alles hinaus, Gefühle der Leichtigkeit. Traumflug und Absturz in die Wirklichkeit des Schweren. Der Student der Gotteswissenschaften und der Kandidat für den Altar hörte viele, die ihm die Höhe versprachen, die amtlichen Gnaden der Enthebung aus dem Tal der fleischlichen Zustände, viele, die sprachen, als wären sie in der Höhe. Aber sie hatten den Faden nicht von oben, sie hatten ihr Seil von unten hinaufbeschworen und hingen mit verzweifeltem Fersenschluß an ihrer Erhabenheit und sprachen mit dem verbissenen Ton, der sich aus dieser Anstrengung ergab, nach unten. Ist alles gelogen, ich bin schwer wie Blei, mußte er sich als letzten Vers immer wieder den Poesien des Fluges hinzusagen. Er hätte etwas anderes zu lernen gehabt: das Interesse an der Höhe, an den Ideen in der schweren Erde, die er war, zu sammeln. Statt dessen stürzte er von einem zum anderen, hin und her, einmal hinauf und öfter hinab.

Marcus Tullius Cicero:

> „Wenn nun die Seele aus einem der vier Elemente besteht, wie man meint, so wird sie aus feuriger Luft sein ... und dann notwendigerweise nach oben streben. Denn diese beiden Elemente haben nichts Schweres und steigen stets in die Höhe. Wenn sie sich also zerstreuen, dann geschieht dies fern von der Erde, und wenn sie weiterdauern und ihre Eigenschaften bewahren, so müssen sie sich erst recht zum Himmel bewegen und die dichte massige Luft, die sich der Erde zunächst befindet, durchbrechen und zerteilen. Denn die Seele ist wärmer oder eher: feuriger, als es die Luft hier ist, die ich oben dicht und massig genannt habe. Dies läßt sich daran erkennen, daß unser Körper, der aus dem erdigen Ele-

ment gebildet ist, seine Wärme durch die Feurigkeit der Seele erhält. Dazu kommt, daß die Seele sich um so leichter aus dieser Luft, von der ich nun schon öfter gesprochen habe, wegbewegt und sie durchbricht, als nichts schneller ist als sie. Es gibt keine Geschwindigkeit, die mit der Geschwindigkeit der Seele wetteifern könnte. Wenn sie nun unzerstörbar dauert und sich selbst gleichbleibt, so muß sie sich so bewegen, daß sie diesen ganzen Himmel, in welchem sich Wolken, Regen und Winde sammeln und der feucht und nebelig ist wegen der Ausdünstungen der Erde, durchdringt und zerteilt. Und wenn sie diese Region hinter sich gelassen und eine mit ihr verwandte Natur berührt und erkannt hat, dann hört sie auf, weiter in die Höhe zu steigen, und setzt sich auf Feuern fest, die aus feinem Hauch und gemäßigtem Sonnenfeuer zusammengefügt sind. Sobald die Seele nämlich zu einer ihr gleichen Leichtigkeit und Wärme gelangt ist, so wird sie gewissermaßen durch gleiche Gewichte in der Schwebe gehalten und bewegt sich nach keiner Richtung. So ist ihr schließlich dies der natürliche Wohnsitz, wenn sie bis zu ihresgleichen vorgedrungen ist. Dort bedarf sie keines Dinges und wird sich mit denselben Dingen ernähren und erhalten, mit denen sich die Sterne ernähren und erhalten.“ [3]

Die Seele, der eigentliche Mensch, residiert im Zenit des Kosmos über allen anderen Dingen. Sie hat nichts mehr im Rücken und nichts nötig von allem, was unter ihr ist. Sie ist ganz unabhängig, selbstgenügsam, in ewiger Si-

---

[3] Gespräche in Tusculum I, 42–43.

cherheit auf dem unverrückbaren Platz bei den Sternen. Sie ist über die Zone, wo das Schicksal regiert, emporgefahren.

So redet die Angst in der geworfenen, schwankenden Existenz und sucht um jeden Preis den festen Boden zu gewinnen. Die Spekulation, die sie aus sich entläßt, schält mit sicheren Schnitten den ewigen Kern aus den Schichten, welche die Welt herumgelegt hat. Das Selbst erscheint, stählern, sternenewig. Es war nie auf der Welt, es war nur hineingeraten. Nun fährt es hinauf an seine angestammte Stelle. Die Bewegung ist unter den Stößen der Sorge so resolut geworden, daß sie mit der Erde auch alle moralischen Anrufe zurückläßt. In der Inbrunst der Himmelfahrt hört die Seele nichts mehr von den Bedürfnissen der unteren Welt. Die Dinge brauchten sie, ihre Gegenwart, ihre Einwohnung. Sie sollten durchstimmt und geformt sein von ihr. Denn auch die tote Materie, wie es im Abendland verächtlich heißt, braucht Anerkennung, um eine Basis des Lebens sein zu können. Aber die Substanz, aus der die verwandelnde Andacht zum Stoff kommen könnte, ist an ihren himmelwärts gerichteten Glückwünschen taub geworden. Sie fliegt hinauf in die sublime Spitze des Seins und läßt den Kosmos zurück. Dieser wird zum Geröll, zur Halde der Ausbeutung, zum Haufen der Sachen, die beliebig genommen und gelassen werden können. Die Dämonen der willkürlichen Benützung besetzen das Feld, auf dem bald nichts mehr sein wird als Schutt, Wüste, Nichts.

Diesem Engel ist in den abendländischen Preisliedern lang genug der Ruhm des Abenteurers nachgesagt worden. Er hat in Wahrheit nichts erkundet und nichts erobert, sondern nur seine verlorene Heimat gesucht. Das Gebiet, das dem Seelenwesen zur Arbeit vorlag, wurde hastig beschnüffelt und schnell als vergänglich, verwerflich beurteilt. Der Mut, es in dem schmalen Augenblick, in der Schwebe des Weltmoments anzunehmen, es in der Kürze zu mögen, stellte sich nicht ein. Das wäre es doch gewesen, die Härte des Anfangens und des Endens zu ertragen, um dazwischen zu ermessen, was flüchtig da war. Diesem Risiko war der Engel nicht gewachsen. Er hat sich abgesetzt. Er war feig.

Han Shan, ein chinesischer Weiser, zwischen dem 6. und 9. Jahrhundert n. Chr.:

> „Heitere Wölkchen baden im grünen See.
> Könnt ihr verstehn, daß ich die Welt des Staubs verlassen,
> den Schritt gelenkt zum Südhang des Han Shan? ...
> Über die Felsbrücke kehrt meine Seele heim.
> Ich hab' den Weltenrummel hinter mir gelassen ...
> Wer kann sich befreien aus den Verstrickungen der Welt,
> mit mir zu sitzen zwischen weißen Wolken? ...
> Für immer weißer Wolken müßiger Gefährt.
> Kein Pfad verbindet mich mehr mit der Welt,
> bin absichtslos – was könnte mich noch fesseln?" [4]

Was dem jungen Leser zu denken gab: Die großen Erzieher zum wahren Leben, die Verkünder des *Mensch werde wesentlich,* zählen auf irgendeiner Seite ihrer Lehrbücher alles her, was sie zurückgelassen haben: Frauen, Kinder, Haus und Garten, Pferde, Beruf und Karriere, Lust, Ansehen, Unterhaltung, Spiel, Genuß, Geld, Einfluß, Macht. Eine große Summe der Verzichte und der Entbehrungen. Alle haben mit dem Sozialen zu tun.

---

[4] 150 Gedichte vom Kalten Berg, übersetzt und hg. v. St. Schumacher (Düsseldorf 1974) 69, 70, 71, 73.

Die Orte, an denen das wahre Leben angesiedelt wird, sind denn auch von alters her asozial: Bergspitzen, Höhlen, die Wüste, die Waldschlucht, die Zelle, die Insel, das Grüne, der Dschungel. Der Student ist in vielen christlichen und nichtchristlichen Texten dem Stolz der Überlegenheit, dem Gefühl des Primates, der Überzeugung, nicht dazuzugehören, begegnet. Er fand Ratschläge, mit dem Anspruch christlicher Weisheit vorgebracht, er solle das wahre Leben im Exodus suchen, in der Ausfahrt aus allen Beziehungen. Man hatte ihm geraten, die Sprüche der Mönchsväter zu lesen. Er stieß darin häufig auf den entschiedenen Satz: Fliehe die Menschen! Nur der Einzelne hat Gott ganz. Die Menge ist zweideutig und ohne Gesicht vor dem Ewigen. Es wurde ihm das Ideal des erhabenen Zuschauers nahegelegt, der vom sicheren Strandfelsen aus die Schiffe auf dem Meer der Welt kentern sieht.

Es war ihm oft genug danach zumute. Daß er sich trotzdem von den Träumen der unberührbaren Kontemplation nicht fangen ließ, lag nicht an seinem nächstenliebenden Edelmut. Die Position des Zuschauers gefiel ihm nicht, und die Schilderungen, die die Finder des Wesentlichen von ihrer Weisheit gaben, kamen ihm leer und eitel vor. Was wurde da von Tiefe, Kern und Mitte des Menschseins deklamiert, in monotonem, einschüchterndem Orakelton! Aber wenig war zu sehen, und sehen wollte er. Den Menschen der zahllosen Knotenpunkte, den verflochtenen, den berührten, den in die Menge gemischten, den abgenützten und bunt gefärbten. Sollte denn das wahre Leben nicht aus der Nähe am sichtbarsten sein?

Gottfried Benn:

„Ob Rosen, ob Schnee, ob Meere,
was alles erblühte, verblich
es gibt nur zwei Dinge: die Leere
und das gezeichnete Ich." [5]

In der totalen Verstimmung über die Welt entschwindet alles. Hoch oben ist nichts mehr, kein goldener Faden hängt, kein Engel schaut. In der völligen Leere schwebt oder hält sich irgendwie auf der Rest, in dem die Trauer über das Nichts daheim ist: das *Ich.* Weil um es her alles verschwunden ist, ist es allein wirklich, allein wahr, allein wissend und kann allein sich ins Wort bringen. Das tut es denn auch in seiner Sprachkunst, unfehlbar und traurig. Der Engel in der Reduktion auf die – verletzte – Urzelle, den Ich-Sager. Seine eintönige Botschaft: daß er nichts sieht, und was er sieht, nichts ist, verblüffte den jungen Leser. Blind war der Dichter bestimmt nicht. Aber was war mit seinem Blick? War er ohnmächtig oder wild geworden? In heiligster Exklusivität sprach er dem Ich Wirklichkeit zu und allem anderen verweigerte er die Vorgabe. Er ließ die Dinge keine Wohnung nehmen in seinem Auge. Sie verschwanden darin wie in einem schwarzen Loch.

Ernst Bloch:

„... was es mit dem Menschen auf sich hat und bisher am wenigsten erschienen ist: nämlich der intensive Kern seines intendierenden Wesens, kurz das Was seines Daß ist außer in Andeutungen, Hoffnungsversuchen, enthüllenden Auferstehungsutopien noch nirgends in Erscheinung getreten. Ist aber unser Kern – ein homo absconditus, durchaus

---

[5] Gedichte, in: Gesammelte Werke III (Wiesbaden ³1966) 342.

> und das einzig echte Mysterium, nämlich das unserer allernächsten Unmittelbarkeit selber – noch nirgends sich objektiv geworden: dann kann er als noch nicht real entstanden auch nicht real vergehen. Vielmehr: das in seiner nächsten Nähe, tiefsten Tiefe an unserem Wesen noch nicht Herausgebrachte, dieser homo intensivus sed absconditus steht eben als dies noch nicht Gewordensein durchaus auch extraterritorial zum Seinvernichtenden des Tods. Item der Herd unseres Existierens, an den noch kein vorhandenes Individuum trat, bleibt vorerst, wie ungefunden so auch unausgelöscht." [6]

Der Engel hat sich nach vorn geworfen an die Spitze des Zeitpfeils. Dort stellt er das Wesen dar, das noch von keiner Verwirklichung kompromittiert ist, dessen Freiheit durch das Material des Geschehenen noch nicht begrenzt wird, das aller bisherigen Welt unendlich vorausfliegt. Auch er freut sich an der Glorie seines harten Seins, das von keinem Schlag des erdenen Schicksals zu erreichen ist. Sein erinnerungslos fortschwebendes Gesicht reißt alles Bewußtsein vom wahren Menschentum an sich und verurteilt die demütigen Ausbildungen des gegenwärtigen und vergangenen Lebens hinter ihm. Das gehört alles auf den Abfallhaufen. Einen wenigstens gab es, der schon in der Gegenwart jemand war und entschieden gelten wollte: den Mann der herrisch herabfahrenden Sprache, den Ansager der Zukunft, den roten Propheten, Professor Bloch. Irgendwie, um davon reden zu können, mußte er den alles nach vorn reißenden Blick jetzt schon haben. Er schien nicht abgeneigt, sich

---

[6] Atheismus und Christentum (Reinbek bei Hamburg 1970) (rde 347–349) 247.

mit dem Engel der Zukunft verwechseln zu lassen, als hätte die tiefste Tiefe schon in ihm Platz genommen. Polterte deshalb seine Stimme so? Redete hier der Räuber des Seins? Wie kam dieser Eiferer für die Enteignung aller Eigentümer zu dem markanten Tonfall des Besitzers?

Die Wanderung durch die Allee der Engel hat deren neidvollen Bewunderer nach und nach von seinen Gefühlen geheilt, ihn wenigstens vorsichtig gemacht. Die Frage begann ihn stärker zu bedrängen, ob er nicht die Kraft, die er für seine Ausflüge brauchte, anders verwenden sollte. Vielleicht für die aufmerksame Beschreibung der zwei Flecken Erde, auf denen seine Fußsohlen aufruhten.

Lamento:
Ihr Weisheitsfürsten, ihr Ratgeber, redet ihr nicht von der tief, ganz hinab in das Erdenfleisch dringenden Menschwerdung Gottes? Preist ihr nicht das Allererstaunlichste, daß sein Wille, die Erfahrung des Stoffes der Welt zu machen, vor nichts anhält, in alles einzelne hinausfährt? Behauptet ihr nicht, er sei das Maß der Anstrengung, die wir ebenfalls machen sollten? Seid ihr nicht immer bereit, die Detailfreude Gottes, seine Lust am Konkreten zu loben? Ach, meine Fürsten, ihr seid es nicht immer. Ihr wißt zu gut, wie ihr die Kanäle zieht, in denen die Wasser des Himmels laufen sollen. Ihr leitet die Freude und den Ernst Gottes herab auf eure Mützen, auf eure Plätze. Da stehen die Satzungen, da stehen die Häuser, da blüht auf den Pulten das Allgemeine in Regel und Einrichtung. Daß sie nur alle merken, daß sie nur alle achten, die Anstrengung Gottes konkret zu sein! In diesem Verlangen habe ich euch noch nicht müde werden gesehen, ihr Verehrten. Aber es sei euch nicht ver-

schwiegen, welche Lust ihr dem Göttlichen nicht erlaubt. Gibt es nicht auch die Erfahrung? Das Schmecken, Riechen, Tasten, das Gehen in den Gassen, das Arbeiten auf den Feldern, das Handanlegen, das Schnüffeln auf allen vieren, den Mund an der Erde? Kennt ihr das Wissen, das von dort kommt, die Zuständigkeit von unten? Ihr haltet hoch oben, gute Meter über dem Boden, ihr sagt: Wir wissen, wir durchschauen, wir haben Einblick. Die Fügungen und die Eingebungen haben uns das verschafft. Ihr laßt euch nicht herab ins einzelne andere, Erfahrungen sind nicht nötig, die Wege hindurch Umwege. Himmlisch, im Zeppelin über den Wohnungen, Waschküchen und Ehebetten seid ihr im klaren. Das ist ein Unterschied, den ihr in euch erst noch entdecken müßt. Wenn ihr ihn erblickt habt, bleibt es offen, ob ihr ihn nicht versteckt, ob ihr ihn herauslaßt und euch rechtfertigt vor dem kopfschüttelnden Publikum eurer Ansprachen, die von Aufforderungen und befehlenden Zurufen wimmeln. Was seid ihr so sicher, daß es nicht nötig ist, das und jenes mitgemacht zu haben? Was macht euch gewiß, Gottes Geist bewahre euch vor dem Schmerz der Erfahrungen und schenke euch doch deren Ergebnis, die Weisheit der Kenntnis, der Einfühlung, das Ansehen der Zuständigkeit? Das Privileg, das Jesus nicht hatte, euch ist es geworden.

Jahre später stand er auf der Brücke, über die seine Schwester zu Tode gestürzt war, und sah aus der Vogelschau auf die Stelle, wo sie gelegen hatte. Nun war es, wie er es einmal gewünscht und gefürchtet hatte. Er selbst gesund, oben, ungefährdet, hoch über dem Platz des Unglücks. Unter ihm die Steine mit den Blutflecken.

Da hast du die Position des Engels. Genieße sie, wenn

du kannst. Sag dir die Kinderwünsche noch einmal vor, hole sie her und halte sie da hinab. Was wird aus ihnen? Du bist nicht hoch genug? Du meinst, die Brücke sei noch immer zu menschlich, so hättest du es schon damals nicht gemeint? Fahr hinauf, so weit du willst, und schau! Die Höhe wird nichts ändern. Du kannst so weit weg fliegen, wie du willst, soviel Perspektive und Überblick zwischen dich und die Steine legen, wie du nur magst. Aus der erhabensten Distanz bleibt wahr, was da unten liegt. Im Ozean des Allgemeinen, der sich dann vor deinen Augen ausbreitet, kann dir die Einzelheit verschwommen, allmählich winzig und nebensächlich vorkommen. Aber bist du dann mit deinen Augen noch irgendwo? Sie sind in der Weite leer geworden. Wenn du sehen willst, bleib bei den Einzelheiten. Denk dir etwas Kühneres aus, versetze dich unter die Engel oder versuche das Auge Gottes zu ersteigen. Wenn du schon träumst, dann träume wenigstens konsequent und hoch genug. Das Engelsauge, das *Auge* selbst kann der Evidenz des Unglücks unter der Brücke nicht ausweichen. Diesem Schauen drängt sich erst recht das Blut, die Ohnmacht, das Sterbegesicht auf. Mag das *All-Auge* unendlich viele Gegenstände in sich spiegeln, die tote Frau verschwindet nicht darin. Sie zwingt den göttlichen Blick auf sich, unverwechselbar. Wer schaut, aus welchem Abstand er schaut, das ändert nichts an dem Schrecklichen. Probiere nur deine Träume, damit du endlich dieses Einfache herausbekommst: Da unten ist sie gestorben, das ist wahr. Ewig. Schau hinab und prüfe, wie deine Blicke sind. Darauf kommt es wohl an. Lauern deine Augen? Genießen sie? Stellen sie fest? Engel oder Gott, oder dein armes Organ, immer ist es die Frage, was die Höhe über den Opfern bedeutet.

Wäre es vielleicht jene Entfernung, die du brauchst,

daß dich das Bild mit seiner vernichtenden Gewalt anfallen kann? Du wärst der Engel, weil du Zeit und Raum hast für Evidenz. Du hättest dein großes Auge ruhiggestellt, es dürfte nicht abschweifen und wäre ganz gesammelt auf dieses zerbrochene Geschöpf. Alles, was dir oben das Arsenal des Kosmos und der Geschichte sonst noch böte, sähest du nicht an, um diese eine Einzelheit einzuordnen, klein zu machen, um dir daraus Erleichterung zu beschaffen. Du wärst der Engel der entschiedenen Andacht zu diesem Einzelfall und hättest aus allem, was dir sonst ins Auge fällt, die Kraft gewonnen, dich so zu versammeln.

Du, auf der Brücke, warum fährst du zurück vor dem Traum, dein Engelflug könnte etwas mit der Liebe zu tun haben? Mit der Möglichkeit, daß auf den Steinen Neues anfängt? Der goldene Faden hätte dich hinaufgezogen, weggerissen aus deinem Rausch an der Zerstörung, um dich schweben zu lassen zwischen zwei ziehenden Mächten. Nach unten will dich die rasende Enttäuschung haben, die Übereinkunft mit der Verwesung, nach oben das Wissen um den Sturz, das Blut, die auskunftreiche Liebe am Ende der Bewegungen. Die eine saugt dich an sich, um dich mitzuvernichten, die andere entrückt dich, um dich in der Lust ewiger Überblicke vergeßlich zu machen. Sie prallen aufeinander und erzeugen jenen Punkt der Schwebe, in der einen Augenblick lang das Interesse an den Steinen und die Ahnung des Sinnes versöhnt sind.

Meine Seele, mein Gabriel,
fluglustig,
schwingenberauscht.
Wirf ab deine Flügel,

opfere sie der Sonne,
entscheide dich für die Perspektive
des Staubs.

Wenn du es mit den Wolken hältst
über Austerlitz,
über Stalingrad,
wenn du hoch genug fliegst,
machen dir Öfen
die schönsten Kringel aus Menschenfleisch,
passen gut in die Landschaft
die Totenkreuze –
zierliches Heidelbeerkraut.
Wenn du es mit den Wolken hältst.

Von oben stimmt alles.
Aber lieg unten.
Leg dein Gesicht auf die Kiesel,
entdecke die Wurzeln.
Die Sümpfe sind tief,
der Teer brennt auf den Straßen.
Meine Seele, mein Gabriel,
herunter mit dir!

Die fürstliche Höhe, der Überblick,
das schäumende Blau,
die Prasserei, die Zusammenfassung,
die universale Stimmung des Himmels.
Aber Lazarus
hat nur die Augenwinkel
im Fleisch, im Fleisch, meine Seele,
auf Erden.

Rendezvous

Auf einem Hügel über der österreichischen Donau steht ein Mostapfelbaum. Dahinein fuhr an einem schwülen Junitag *der Engel.* Er saß nicht auf einem Ast, er stand nicht im Wipfel, aber eine grüngoldene Lichtung zitterte in den Blättern über dem jungen Obst. Das war genug, um ihn anzudeuten. Unter dem Baum hatte sich der Bischof ins Gras gesetzt. Er war allein und zu Fuß auf dem Heimweg von Firmung und Inspektion in der Pfarrei, die ihm, hinter dem Wald verborgen, nachläutete. Talar und Stab hatte er dem Fahrer mitgegeben, auch das Brustkreuz lag im Auto. Nur der Karneol an seinem Finger war übrig vom Ornat. Er knöpfelte an seinem Hemdkragen, dann holte er ein Jausenbrot hervor und legte es neben sich. Während er in die Brusttasche griff, um seine Notizen über die Gemeinde, die er besucht hatte, zu ergänzen und zu ordnen, begann der Engel im Baum das Gespräch:

Engel: Iß die Semmel, die Ameisen kommen!

Bischof: Hm?

Engel: Die Semmel! Die Ameisen!

Bischof: Ist da jemand?

Engel: Du hast heute vormittag zu den Firmlingen gesagt: „Gott schützt seine Kinder durch die heilige Vorsehung. Wir wissen aus der Bibel, daß er dafür sogar seine Engel einsetzt, die reinen Geister; er will, daß sie den Menschen dienen ..."

Bischof: Ein Engel?

Engel: Ich spüre, wie überrascht du bist.

Bischof: Ich bin müde, und der Föhn setzt mir zu. Ich werde die Semmel essen.

Engel: Bravo! Ich leiste dir Gesellschaft.

Bischof: Ich weiß nicht. Ein sonderbarer Baum.

Engel: Vielleicht fällt dir ein, was du einmal studiert hast? *Gott erschuf am Anfang der Zeit geistige Wesen, die wir Engel nennen, aus nichts. Während die Natur des Menschen aus Geist und Körper zusammengesetzt ist, müssen wir das Wesen des Engels als rein geistig ansehen, es ist nämlich frei von aller Stofflichkeit.* Das kann dir doch nicht ganz aus dem Kopf gefallen sein. Hast du es nicht bei einer Prüfung aufgesagt?

Bischof: Hm.

Engel: Vorige Woche hast du der Presse mitgeteilt, daß deine Christen *unverändert wie die Väter des Glaubens daran festhalten, daß es Wesen gibt, die wir mit unseren Sinnen nicht wahrnehmen können, die aber trotzdem von Gott ein wirkliches Leben bekommen haben! Sie werden Engel genannt, weil sie Boten Gottes sind und nicht selten den Menschen ihre Nähe spüren lassen.* Sind das nicht deine Worte?

Bischof: Ja, ja, das habe ich gesagt. Ich mußte doch.

Engel: Du hast sogar eine Mahnung an die Gottesgelehrten gerichtet, dagegen keine leichtfertigen Zweifel in die Welt zu setzen. Und denk an deine Rede heute früh!

Bischof: Die Kirche ist ziemlich vorsichtig, wenn es um

Außergewöhnliches geht. Man hat schon allerhand erlebt mit dem Wunderbaren.

Engel: Das vermischt sich so komisch, willst du sagen? Der Himmel kommt nur in Verrenkungen auf die Welt. Da magst du recht haben; es ist nicht ganz leicht für mich in diesem Baum.

Bischof: Ich als Bischof kann da nicht einfach in zwei Minuten ... ich wäre wohl der erste von meinen Kollegen, dem so etwas zustößt. Wenn ich das erzähle, ist mein Ansehen in der Bischofskonferenz futsch. Es sind doch, soviel ich weiß, meistens Kinder, Frauen und Männer aus dem Laienvolk, denen Erscheinungen zustoßen. Aber unsereiner? Wir haben damit eher ...

Engel: ... die Plage?

Bischof: Wenn du schon soviel weißt, dann kennst du doch unser Archiv! Als Bischof habe ich die Aufgabe, zu untersuchen, zu prüfen, zu urteilen, Anweisungen zu geben, ich habe die Aufsicht. Aber ich selber – einen Engel erleben – im Apfelbaum – während ich ein Wurstbrot esse?

Engel: Es hat mich zu dir gezogen, weil du heute einen so herzlichen Ton hattest mit den Kindern. Du hast schön gesagt: *Auch die Engel sind mit euch.* Aber jetzt steigt dein Zweifel gegen mich herauf. Wo bist du denn, mein Lieber?

Bischof: Ja, wenn ich zurückdenke an meine Gefühle – ich habe es ganz ehrlich gemeint. Aber es ist so furchtbar zweierlei, sagen, es gibt die wunderbare, nie gesehene, unerhörte Welt, und auf einmal etwas erleben, das dahin gehört! Es ist zweierlei, einen anderen lehren: glaube nur fest, daß es Wunder gibt, und erst selber eins wahrnehmen müssen.

Engel: Ich bin kein Plagegeist. Ich schlage dir vor, daß wir es einfach probieren, ob wir miteinander reden können in der kurzen Zeit, da du hier Rast machst. Ich bin da, so gut ich kann, und du tust als ob! Halt es wenigstens eine Semmeljause lang für möglich, daß ich nicht der Föhn bin!

Bischof: Wenn ich an mein Domkapitel denke und an meinen Sekretär – die werden sich wundern!

Engel: Behalt es für dich. Du mußt keinen Akt darüber anlegen, wie ihr das nennt. Ich will nur mit dir reden.

Bischof: Nun, meinetwegen. Ich sitze ja sowieso da.

Engel: Darf ich dir eine Frage stellen? Ja? Kannst du mir sagen, warum es so schwer ist, gegen eure Vorsicht anzugehen? Ihr redet schon seit langem so häufig und heftig von unserem Leben. Ihr habt sogar Regeln für die Wahrheit aufgestellt und Strafen gegen Leute, die gegen sie verstoßen. Aber wenn es darauf ankommt, tut ihr, als gäbe es uns gar nicht. Eine merkwürdige Gleichgültigkeit ist das.

Bischof: Du hast es leicht, wenn du wirklich so einer bist. Du siehst überall hin und bist gleich dort, wo deine Worte hinzielen. Wenn es einen Sinn hätte, ich könnte dich beneiden.

Engel: Beneiden? Was möchtest du denn haben?

Bischof: Du hast keinen undurchsichtigen Berg vor deinen Augen. Das Land Gottes liegt ausgebreitet vor dir. Du bist dort. Du hast keinen Abstand zu überwinden. Du mußt nicht Sehnsucht haben, du bist erfüllt; du mußt nicht gehen, du bist da. Aber wir sind eingesperrt in diesem Fleisch. Du weißt nichts von meinen dummen Muskeln und von dem Fett, über das der Arzt jedesmal schimpft, wenn ich zu ihm komme. Das legt sich zwischen alles, hält uns sehr auseinander und ist ein täuschender Spiegel voller Fratzen. Dem ist nicht zu trauen. Du da oben kannst das nicht begreifen.

Engel: Du bist wütend, weil du ein Mensch bist?

Bischof: Ich antworte auf deine Frage. Wir sehen euch nicht, und gebrannt von den Irrlichtern unseres Fleisches, hüten wir uns sehr, einen plötzlichen Windstoß für den Fußtritt eines Engels zu halten. Die Sehnsucht, etwas Eindeutiges zu sehen, zu riechen, zu hören, ist riesengroß. Das fängt an, ganz wild zu treiben und zu träumen, und am Ende stehen die Träumer da und haben die eigene Nase in der Hand. Aber wir wollen auch der Sehnsucht ihr Recht bewahren. Darum reden wir so oft und mit der nötigen Betonung. Ein Kirchenlehrer hat diesen Zwiespalt, der dir zu schaffen macht, nüchternes Betrunkensein genannt. Dafür habe ich zu sorgen.

Engel: Das gefällt mir. Ich kann deine Zurückhaltung als ein Kompliment an mein Dasein betrachten, als eine Zähmung eurer wilden Wünsche, etwas aus unserer Welt zu haben, weil ihr nicht Luftblasen, sondern wirkliche Engel wollt. Ich bin einverstanden! Aber es gilt auch umgekehrt, mein Lieber. Die Aufregung eurer Seele, die im Fleisch daheim ist, solltest du nicht gar so argwöhnisch anschauen. Vielleicht ist die granze Brandung gezogen, aufgewühlt, weil wir immer ankommen, andringen, herzu möchten?

Bischof: Du hast doch freien Weg, warum gehst du nicht herein?

Engel: Auch ich muß mir die Augen reiben, immer wieder, um ein Wesen wie dich nicht für einen Irrwisch zu halten. Ich komme in einen Wirbel, es dreht mich um und um, wenn ich deinesgleichen sehen soll. Du bist ein Wunder für mich, unglaublich.

Bischof: Das habe ich mir anders gedacht. Wie wirst du genannt? Wer bist du?

Engel: Die Namen! Wir haben sie alle von euch. Ich war einmal der Weg-Engel des Friedrich von Spee. Daher könntest du Fritz sagen zu mir, oder *Schneller Knabe Cherubim,* wie er mich einmal in einem Gedicht besungen hat.

Bischof: von Spee?

Engel: Friedrich von Spee aus der Gesellschaft Jesu, gestorben am 7. August 1635 in Trier. Dort hat er sich im Spital den Tod geholt, bei den Verwundeten. Ich sehe, du kennst ihn nicht. Er findet leider wenig Andenken bei euch. Kein Wunder, daß es auch sein Engel schwer hat.

Bischof: Du hast also Botschaften zu bringen? Auch für mich?

Engel: Ich hatte dem Pater nichts zu bringen, und auch zu dir bin ich ganz ohne Wort gekommen. Ich möchte nur ein wenig bei dir in diesem Baum sein.

Bischof: Ein Engel und ein Bischof beisammen – und keine Sendung, keine Erleuchtung, keine Post?

Engel: Du bist enttäuscht. Willst du dieses Rendezvous doch abbrechen?

Bischof: Bleib da. Es ist gar nicht schlecht, so zu reden, querfeldein. Wer weiß, wann ich dafür wieder Gelegenheit habe. Aber ehrlich, ich könnte eine Nachricht brauchen von deiner Seite. Nächste Woche halten wir eine wichtige Sitzung. Ich täte mich viel leichter, wenn ich ...

Engel: Ich habe nichts. Ich bin nur da. Ich schaue dir

zu, wie du kaust. Ich sehe dein Gesicht, auch ein wenig von deinem Bauch. Ich freue mich an deinem Namen – Leopold. Du kannst mich heute nicht verwenden. Iß deine Jause, und sprich mit mir, ich will den Baum beleuchten. Wenn du Botschaften haben willst, muß ich verstummen und abfahren.

Bischof: Was willst du? Engel sind *Boten!* Warum nennt man euch so in der Bibel? Weil ihr für Dienste verwendet werdet.

Engel: Ehe *Er* uns verwendete, hat er uns geschaffen. Wenn *Er* uns verwendet, vergißt *Er* nie, daß *wir jemand sind.*

Bischof: Ich muß sehen, wer für was zu brauchen ist, ich muß ermuntern, berufen, senden, bei der Stange halten. Ein ehemaliger Wegengel sollte das begreifen.

Engel: Da kommst du mir recht mit deiner feinen Andeutung. Von Spee hat Zeit gehabt, Gedichte zu machen. Ich kann dir eine Strophe sagen aus seiner *Anleitung zur Erkenntnis und Liebe:*

„Elefanten nebst Kamelen,
Roß, Löwe, Hirsch und Bär
und Würm und alle Seelen,
die sind im wilden Meer –
wie könnt ein Mensch beschreiben
je ihre Kraft und Art?
Viel weiser läßt man's bleiben
und Wort und Feder spart.
O Mensch, ermiß im Herzen dein,
wie groß des Schöpfers Macht muß sein." [1]

---

[1] Trutznachtigall (Leipzig 1889) 102.

Ermessen, anschauen, spüren, fühlen, auf sich wirken lassen, das hat der Jesuit viel getan, mehr als er geredet hat. Darum ist ihm das Schicksal der Hexenfrauen und Soldaten so zu Herzen gegangen.

Bischof: Setz dich einmal für eine halbe Stunde auf meinen Sessel und höre, was die Leute alles von mir verlangen. Sag dies, sag das, sag es so, sag es anders, sag es laut, sag es gar nicht. Das eine Mal soll ich mächtig und unfehlbar zu brennenden Fragen Entscheidungen treffen, dann wieder soll ich still sein und alles offen lassen, und sogar mein Schweigen hat noch eine weisende Bedeutung. Ich komme mir manchmal vor wie ein Befehl, der herumgeht, der feierlich gekleidete Narr dieser Gemeinschaft, der alle Tage unrecht und recht hat. Warum wunderst du dich da, wenn ich von dir ein klares Wort möchte? Was ist denn ein Schutzengel wert, der nichts sagt?

Engel: Ich habe nichts. Ich bin nur da. Warum gibst du allen diesen Wünschen nach? Vielleicht solltest du den Leuten beibringen, Besseres von dir zu verlangen? Eine leichte Stunde mit Wurstsemmeln, wie jetzt? Wo haben sie ihre gierigen Wünsche nach deinen Befehlen gelernt? An vorgesetzten Menschen, die ihnen das Leben vorsagen, unaufhörlich, statt ihnen beizustehen, zu helfen, sehen, schmecken, gestalten, ermessen, erfahren zu können.

Bischof: Aber die Sendung, der Auftrag? Ich muß dirigieren, das ist von *oben* so gewollt.

Engel: In *seinem* Buch ist das Wort nicht ganz und gar ein Befehl, lieber Leopold, es wird mit dem Licht verknüpft. *Ich bin das Licht der Welt. Ihr seid das Licht der Welt. Euer Licht soll vor den Menschen leuchten.* Hast du vergessen, was die Menschenväter mit den kleinen Kindern tun? Spielen und reiten lassen! Nicht nur, aufgepflanzt vor dem Gitterbett, Ansprachen halten. Laß dich sehen, das ist wichtiger. Ein alter Chinese soll gesagt haben: *Das Volk ist schwer zu regieren, weil seine Obrigkeit allzu geschäftig ist.* Das ist nicht übel.

Bischof: Du bist kein Schutz-, sondern ein Zitatenengel.

Engel: Das soll einem Bischof willkommen sein. Ist denn nicht in den Zitaten die Überlieferung enthalten? Wir wissen nicht recht, wie das ist, was ihr Erfahrung nennt. Aber was *Er* mich hat von euren Geschichten sehen lassen, das zeigt mir, wie alles darauf ankommt. Das Unfehlbare überzeugt, wenn es geschieht, nicht wenn es angesagt wird. Der Überschuß an Deklamationen über die Tiefe, die Höhe, den Dialog, die Liebe, die Demut, die Armen und Unterdrückten überschwemmt alles, auch den Gedanken, man könnte etwas davon tun.

Bischof: Jetzt kommst du endlich in Fahrt. Nur zu, ich bin neugierig. Wie ist es also?

Engel: Was kann ein Engel euch Menschen schon sagen für das Leben, das ihr habt? Keiner von uns kann hinüber in den Leib, in dem ihr steckt. Niemals weiß ich, wie es im Fleisch ist, wie all das schmeckt, von dem eure Poeten singen. Kennst du den von Hofmannswaldau?

„Ich schwamm in Freude,
der Liebe Hand
spann mir ein Kleid von Seide.
Das Blatt hat sich gewandt,
ich geh im Leide.
Ich wein itzund,
daß Lieb und Sonnenschein
stets voller Angst und Wolken sein.“[2]

---

[2] Zitiert nach G. Britting (Hg.), Lyrik des Abendlands (München 1978) 295.

Ich werde niemals wissen, wie der Most schmeckt, den der Bauer aus diesen Äpfeln zieht. Ich habe keine Ahnung davon, was ein Mensch spürt, wenn er aus der Mutter gepreßt wird, wie das ist, was ihr Sterben nennt. Ich sehe nur an deinem Gesicht, daß dir die Jause wohltut.

Bischof: Muß man ein Engel sein, um solche Feststellungen zu machen? Von einem reinen Geist erwarte ich mir etwas.

Engel: Was meinst du denn, wozu wir da sind? Als Auskunftsbüro für euch, wenn ihr in Verlegenheit geratet? Als Verdoppelung eurer Kommandostellen? Als himmlischer Sicherheitsdienst? Als Nachrichtenbringer? Als Nothelfer?

Bischof: Immerhin warst du diesem Jesuiten zugeteilt.

Engel: Nicht, um ein wenig an seinem Leben herumzuflicken und dann, als ihn die Seuche überfiel, zuzuschauen. Helfen euch denn die kurzweiligen Verblüffungen der Wunder, wenn im großen und ganzen alles geht, wie es gehen muß nach dem Gesetz eurer Ursachen? Wir sind nicht auf die Weise stark, wie ihr es wünscht. Schau diesen Baum an: ist er nicht schön, auch ohne sein genießbares Obst? So sind wir da, ohne weiteres. Dann und wann gibt es eine Berührung, eine Begünstigung der Luft, in der die Augen und die Ohren aufgehen können. Ist das nichts? Ihr haltet es für nichts, denn wir spüren den Sog eurer Wünsche, die gegen den Himmel fahren. Es ist wie eine Gier, die uns nur gebrauchen will. Das stößt uns weg. So viele Klammern und so große Gewichte! Das kann ich dir wieder in einem Gedicht sagen:

„Da gehn wir umher wie Beschwerer,
legen auf alles uns selbst, vom Gewichte entzückt;
o was sind wir den Dingen für zehrende Lehrer,
weil ihnen ewige Kindheit glückt."[3]

Bischof: Die Psalmen fallen dir nie ein, nur lauter Gedichte, und nicht gerade katholische.

Engel: Leopold! Weißt du denn so genau, wo *sein* Geist dichtet und wo nicht? Ich bin kein Mitglied der katholischen Kirche und halte alles für gut, was aufmerksam macht. Nimm den Vers und wende ihn an die Weise, wie ihr mit uns umgeht und vielleicht auch mit euresgleichen und mit den Gedichten. Eben hast du ein Beispiel geliefert.

Bischof: Wie meinst du das?

Engel: So wie ich es einmal den Pater von Spee im Gespräch mit einem Edelfräulein habe sagen hören: „Die Beschwernis, fürstliche Hoheit, die wir jetzt miteinander beklagt haben, hat keine andere Ursache als unsere Sucht. Wir drücken uns gegenseitig die Luft ab, denn es ist schier unmöglich geworden, ein einziges von unseren Christenleuten anzuschauen, ohne an Nutzen, Sendung, Auftrag und derlei zu denken. Wir lassen einander vor lauter Zureden gar nicht Zeit, auf der Welt und Kinder Gottes zu sein. Und der löbliche Klerus, zu dem ich gehöre, ermuntert und fordert und stachelt unaufhörlich an, sich selbst und alle Welt. Dabei verlieren wir das Gespür, daß wir einander auch ein wenig lassen sollten, und viel von der Aufmerksamkeit auf das Unglück, das unsere Habgier verursacht, auch unsere Habgier auf den Himmel."[4]

---

[3] Rainer Maria Rilke, Die Sonette an Orpheus II/14, in Sämtliche Werke 2, 760.
[4] Dieses Zitat des Engels ließ sich nicht verifizieren.

Bischof: Das kommt ziemlich dick herunter von deinem Baum. Eine scharfe Predigt, Schneller Knabe!

Engel: Das war ein Zitat.

Bischof: Schade, daß du für keine Aktion zu haben bist!

Engel: Hast du etwas Besonderes vor?

Bischof: Nein, etwas ganz Normales. Ich versuche meinen Geistlichen beizubringen, daß sie das priesterliche Gewand tragen sollen.

Engel: Ist das wichtig?

Bischof: Du redest wie der Kaplan heute vormittag. Wichtig – was für ein dummes Wort! Damit kann man alles zerschlagen.

Engel: Warum willst du denn, daß sie priesterlich gewandet auftreten?

Bischof: Die Kleidung ist der Schutz.

Engel: Gegen was müssen sich denn die Priester auf diese Weise schützen?

Bischof: Daß du so fragen kannst! Natürlich gegen alle möglichen Verwechslungen: gegen die Feigheit, gegen die Gleichgültigkeit, die Duckmäuserei, gegen die menschliche Anfälligkeit für allerlei Charme.

Engel: Du meinst natürlich Frauen?

Bischof: Ja, ich meine sie. Der Priesterkragen ist ein Zaun, über den man erst hüpfen muß. Die Krawatte ist eine Einladung. Jeder braucht ein Abzeichen, damit er weiß: ich habe einen besonderen Auftrag, ich bin nicht irgendwer, ich kann nicht untertauchen, ich kann mich nicht verstecken, ich will zeigen, wer ich bin. Es gibt ja auch eine innere Verwechslung.

Engel: Da mußt du ein großes Schutzbedürfnis haben. Du bist noch mehr angezogen als die anderen. Denk an deinen Ring und die rote Schärpe und all das.

Bischof: Ich muß immerhin ein Beispiel geben. Wärest du nicht da oben, ich müßte sagen: du bist ziemlich frech.

Engel: Du pulverst so viel in diese Sache, daß ich vermute, du bist wohl selber nicht ganz sicher ohne Amtsgewand. Aber ich nehme gerne alles zurück. Ich will dich nicht grantig machen.

Bischof: Der Friede sei mit dir, Schneller Knabe! Ich muß ehrlich sein und meine Forderungen offen sagen. Und ich verlange nun einmal, daß sie den Kragen nehmen, vom Talar rede ich nicht mehr. Ich habe meine Gründe genannt. Kannst du sie nicht begreifen?

Engel: Warte einmal! Wie steht es in *seinem* Buch? *Er, der in göttlichem Dasein lebt, hat sich dessen entblößt, um in ein Sklavendasein einzutreten, so wie es die Menschen leben, ihnen gleich* (Phil 2, 6–7). *Darum war es (für ihn) nötig, in allem seinen Brüdern gleich zu werden* (Hebr 2, 17). *Und das Wort wurde Fleisch und nahm Wohnung unter uns* (Joh 1, 14).

Bischof: Du redest von Jesus. Das ist gut, aber ...

Engel: Sag nicht gleich wieder *aber.* Jeschua genügt.

Bischof: Ungeduldiger Fritz, laß mich den Satz zu Ende sagen: aber er war unverwechselbar. Dafür brauchen wir Zeichen.

Engel: Er war unverwechselbar *nackt.* Es stand niemand um ihn herum und hinter ihm. Nicht die Priester, zu denen er nicht gehörte, nicht die Parteien der Frommen, nicht einmal seine Familie. Seine Freunde mußte er selbst schieben und schleppen. Denk nur an den Petrus, der euch so wichtig ist. Nie sagt er: Die und die schicken mich, sondern immer: *Ich bin es.* Nackt war er am Anfang und nackter am Ende, als er hing. Der Schurz um den Unterleib ist Malerei. Was er dazwischen am Leib hatte, war ein Stück Tuch, wie es jeder von euch braucht, um sich zu bedecken. Gleichgültig und leicht vertauschbar. Liest du denn etwas davon in seiner Geschichte? Endlich kommt einer und will nichts sein als er selbst, ihr könnt mit dem Finger an seinen Leib fahren, er lebt Haut an Haut mit euch, und ihr? Ihr packt ihn ein. Stell dir Jesus in deinem Gewand vor!

Bischof: Das tu' ich, an manchen Tagen …

Engel: Ja? Sag's!

Bischof: Am Karfreitag vor allem fällt es mir schwer … Ich hebe ihn hoch am Holz, am Kreuz, ich denke an ihn und schau an mir herunter. Ich bin auch in diesem Augenblick wohl gekleidet und halte den toten, nackten Christus … da reißt es mir alles vom Leib, in mir drin, ich spüre, ich bin ein sonderbarer Anblick, ja …

Engel: Jetzt kommt wieder ein *Aber.*

Bischof: Noch nicht, Schneller Knabe. Das dauert schon eine Weile. So ohne Gefühl bin ich nicht, wie du meinst. Später fallen mir die Notwendigkeiten wieder ein.

Engel: Notwendigkeiten?

Bischof: Es gehen mir Bilder durch den Kopf. Jesus, was für ein leichter Mensch, du hast recht! Er kommt mir vor wie ein Vogel, geschwind, allein, über den Hügeln seines Landes, seine unvergeßliche Stimme, Berührungen, Wanderungen, Gespräche, kaum zwei, drei Jahre, dann fliegt er ins Feuer und verbrennt.

Engel: Na also!

Bischof: Dann kommt ein großer Wagen, prunkvoll, mit starken Rädern, dicker Deichsel, zwischen den massiven Leitern sitzt der Vogel ...

Engel: Das ist deine Notwendigkeit?

Bischof: Ach das ist ein Bild, das mich manchmal heimsucht. Reden wir im Ernst. Der Vogel würde sich verfliegen im Dschungel der Zeiten, der Kulturen, der Stimmungen und Gebräuche. Es ist notwendig, die Gegend zu markieren, ein Haus aus Zeichen und Gewändern zu errichten.

Engel: Darin verfliegt er sich nicht?

Bischof: Wenn doch alles nach ihm benannt ist!

Engel: Ich meine, da verschwindet er nicht? Er kennt sich bestimmt aus. Aber ihr, seht ihr ihn noch in den großen Gewändern? Die Tante des Paters von Spee, ein altes Fräulein, liebte Pakete über alles, aber der Inhalt war ihr gleichgültig. Das Herumschnüren und Nesteln, noch ein buntes Papier, ein grüner Faden, und schöne Wolle, mindestens drei Schachteln mußten es sein für den Lebkuchen, der dann irgendwo zwischen den vielen Verpackungsdingen herumlag. Sie hätte auch an einem leeren Paket so geschnürt und hantiert.

Bischof: Gleichnisse hast du!

Engel: Soll ich es anwenden?

Bischof: Laß das! Du redest einfach zu leicht. Wißt ihr denn da oben so wenig von uns? Am Anfang ist es immer so, mit allen schönen Bewegungen. Wie leicht und schmal war Franz, und behende mit seinen wenigen Freunden, und nicht belastet von den Fragen der Ordnung. Und der Gründer der Jesuiten, Ignatius, und Benedikt, Dominikus, sogar Abraham kann ich nennen. Später wird alles schwer, die Leute werden mehr, der

Stifter ist nicht mehr da, aus dem Flug wird ein Gang auf der Erde. Auch Jesus ist keine Ausnahme.

Engel: Und du bist zufrieden damit.

Bischof: Den Notwendigkeiten muß man sich ergeben.

Engel: Aber muß man Lust daran haben? Daraus ein Gesetz machen? Der Vogel auf dem Leiterwagen. Jeschua in der dicken Verschnürung. Ihr braucht soviel Seele für die Verpackungsdinge wie das alte Fräulein. Und der Inhalt?

Bischof: Was soll ich denn nun tun?

Engel: Deine Vision vom Vogel in Galiläa gefällt mir. Wenn nun dein Traum mit den Notwendigkeiten zu streiten anfinge? Vielleicht begännen sie zu hüpfen? Vielleicht würden manche gar nicht stark genug sein gegen den Traum? Noch ein Gleichnis: Eine Tänzerin wirbelt in der Pirouette, alles fliegt, sie wird langsamer, ermüdet, die Muskeln halten nicht durch. Sie setzt sich nieder und ruht ein wenig. Da hast du deine Notwendigkeit. Sie steht auf und tanzt wieder, und alle Notwendigkeit ist verflogen, alles fliegt wieder. Notwendigkeiten sind Ruhepausen.

Bischof: So ist es auch mit Jesus?

Engel: Was spricht denn dagegen? Jeschua? Vielleicht hat er Sehnsucht nach der Leichtigkeit von Galiläa? Was traust du ihm denn zu? Was traust du ihm *nicht* zu? Auf einmal würde sich der schwere Leib heben, die sancta romana ecclesia, die heilige römische Kirche. Und vieles, was du Notwendigkeit nennst, wäre verflogen. Viele Sorgen um euer Aussehen.

Bischof: Du bist ein Romantiker.

Engel: Ausrede. Alle sagen das, die den Traum anstrengend finden. Nichts als Bewegungsarmut. Was habt ihr denn außer Jeschua? Das ist der Anfang, der Maßstab, gestern, heute und in Ewigkeit, sein Rhythmus, seine Vogel-Leichtigkeit.

Bischof: Und alles, was dazwischen angewachsen ist? Einfach wegwerfen?

Engel: Tanzen. Alles soll tanzen, dann fliegt das Überflüssige weg. Traust du Jeschua nicht zu, daß er alle unverwechselbar macht, die ihn aufrichtig berühren?

Bischof: Ich werde darüber nachdenken. Jetzt muß ich heimgehen.

Engel: Und nimm es nicht so ernst!

Bischof: Was?

Engel: Deinen goldenen Stecken.

Bischof: Hirtenstab nennt man das!

Engel: Die Halskette.

Bischof: Das Pektorale!

Engel: Den großen spitzen Hut.

Bischof: Die Mitra! Du gehörst längst in einen Beichtstuhl, Schneller Knabe.

Engel: Schade, daß deine Semmeln so schnell verschwunden sind und deine Pflichten so dringend. Kommst du wieder einmal vorbei? Ich merke mir den Baum.

Bischof: Warum besuchst du mich nicht im Ordinariat?

Engel: Was? Darf ich? Das ist die erste Einladung in ein Bischofshaus, seit ich bin. Ich komme bestimmt, verlaß dich darauf! Adieu, Leopold. Vergiß nicht, den Kragen umzulegen!

Das Licht fuhr aus dem Baum. Der Bischof sammelte seine Sachen ein und machte sich heimzu. Er ging pfeifend durch das Tor des bischöflichen Hofes. Als er nach dem Schlüssel griff, fand er in der Tasche seines Rockes auch einen Schlips. Ein hübsch gemustertes Stück. Er schüttelte den Kopf. Er hatte doch gewiß keine Krawatte eingesteckt. War sie etwa vom Kaplan, den er heute damit gesehen und angeraunzt hatte? Hatte er sie mitgehen lassen? Oder hatte ihm zu guter Letzt der *Wunderliche* im Baum noch einen Streich gespielt? Mit einem unmutigen Seufzer beschloß er, sie am nächsten Tag bei der Caritas abzuliefern.

Denkschrift für einen Firmling

Lieber Bernhard, Du hast mich gebeten, Dir einen Spruch aus der Bibel auszuwählen. Ich bin Dein Pate, und das Wort aus dem Buch Gottes soll Dich über den Tag der Firmung hinaus begleiten und uns verbinden. Ich habe Dir einen Satz aus dem Buch Exodus aufgeschrieben:

> „Mein Angesicht aber kannst du nicht schauen. Denn kein Mensch schaut mich und bleibt am Leben“ (33,20).

Es wundert mich nicht, daß Du nicht recht begreifen kannst, warum ich auf dieses Wort verfallen bin. Du fragst mich: Warum soll ich Gott nicht sehen können, ohne zu sterben, wenn er doch das ewige Leben ist? Warum sollen meine Augen gerade für ihn nichts taugen? Ist Gott lebensgefährlich?

Ja, lieber Bernhard, das glaube ich.

Du kannst Leute jedes Alters klagen hören über den Zustand unserer verkommenen Zeit. Ohne Gott verfallen die Menschen dem Haß, der Verzweiflung und der Lust am Vernichten. Sie vergessen die verpflichtenden Werte. Ohne Gott verlieren sie alle Moral und überlassen sich geil der Willkür ihrer Wünsche. Nur wenn sich die Menschen wieder auf Gott zurückbesinnen, kann es besser werden und unsere Welt vor einer Katastrophe bewahrt bleiben. Das sind häufige, laute, kaum bestrittene Sätze.

Weil uns die Probleme unserer Zeit bedrängen, weil die Gefühle wach geworden sind und viel Aufregung und Angst in uns wühlt, sind wir, auch die Erwachsenen, anfällig für die schnellen Wahrheiten. Sie werden rasch ausgesprochen, oft im Ton einer plötzlichen Entschiedenheit, die keinen Zweifel, nur mehr Zustimmung gelten läßt. Diese Entlastung lassen wir uns nur zu gern gefallen. Wer uns mit der Gnade der Eindeutigkeit beliefert, ist willkommen. Er hat es leicht mit unserer Seele. Denn die Sehnsucht nach der endgültigen Klarheit ist oft größer als unser Wille, die Wahrheit zu suchen.

Bedenke, was Dir eingeredet werden soll: Es kommt nur auf die innige Wiederkehr Gottes an!

Die Hauptsache muß wieder Hauptsache werden, innen und außen, innen vor allem. Gott muß das Gemüt wieder beherrschen, die Seele soll von ihm voll werden, je inniger, um so besser, je heftiger, um so wahrer, je unerbittlicher, um so echter, je ausschließlicher, um so anziehender. Mit kurzem Atem stoßen die Ansager Gottes die Forderungen hervor, das Naheliegende, das denen einfällt, die an den Umständen leiden und die Religion für eine reine, einfache Sache halten. Was ist eindeutiger als Gott? Alle anderen Lösungen, Inhalte, alle Namen, die sonst genannt werden, können mit einem *Aber* zweideutig gemacht werden. Aber *Gott?* Da dürfen wir, scheint es, alles wegwerfen, was wir sonst verwenden, um den Boden zu prüfen, auf den wir treten wollen. „Wer Gott vertraut, ist schon auferbaut" (Goethe). Alle Vorsicht fahren lassen, alle Zutaten wegräumen, aus dem vielfältigen Geräusch der Sprache das einzige Wort schälen, alle Abstände überspringen in die Zündung *Gott!* Nur voll sein von ihm, ihn hereinnehmen und nichts als ihn. Je gewaltiger es einen erfaßt und ganz auf eines richtet, um so tiefer berührt er das Leben. Nichts mehr wird ihm offenbleiben, alles ist entschieden. Gott hebt ihn im großen Ruck über die Welt und ihre Geschichte hinweg. Das ist die Verheißung, die ich aus den ungeduldigen Postulaten höre. Ich mißtraue ihr und will Dir die Gründe dafür nennen.

Ich sehe Gesichter wie verschlossene Bahnschranken, verriegelt, vergittert, zu. Nie in Versuchung, in runde Linien zu fließen, zu lächeln. Schwertvisagen, Messer von der Braue bis zum Kinn. Das Absolute starrt mich an, ohne Rührung, ohne Bewegung. Der unbedingte Vorwurf dringt auf mich ein in Blicken, die alles erstechen. Wenn diese Gesichter aufgehen, dann schwer wie die Türen von Stahltresoren, und sie fallen so dumpf und endgültig wieder zu.

Den Gott in diesen Physiognomien halte ich für lebensgefährlich. Ich bin es Dir schuldig, genau zu sagen, worin ich die Gefahr sehe. Du bist ein junger Mensch und vielleicht anfällig für den Zauber alles *so und nicht anders.* Ich weiß aus meiner eigenen Jugend, wie sehr man in den ersten, frischen Jahren auf eine Festlegung wartet, die das noch verschwommene Leben, Wollen, Ahnen endlich kristallisiert, auf einen Punkt einsammelt und härtet. Gestalten, die mit gewaltiger Eindeutigkeit auftreten, ziehen die Seelen auf sich, erregen Bewunderung und binden. So *Ich* sein, so restlos, so unbedingt, so rein, so ohne Milderung. Das wäre es. Die Zündung gelingt erst recht, wenn sie kommen und über alles, was sie verursachen, *Gott* setzen. Dann kann der Zauber vollkommen werden.

Wenn solche Gott-Menschen auf Dich einreden, wenn sie Dich verlocken, dann ist der Spruch nötig, den Du jetzt nicht verstehst. Ich weiß schon, daß die Bibel noch allerhand anderes damit meint. Das lassen wir jetzt weg. Du sollst ihn Dir merken für das, was kommen kann. Das Wort wird Dich daran erinnern, daß *Gott* ein ungeheuer weites Vokabel ist, leicht zu füllen von jedermann und mit allen möglichen Inhalten, zugleich von größter Brisanz, weil es alles mit der höchsten Qualität auszeichnet, die zu vergeben ist, mit dem Siegel des Absoluten. Dann sagt Dir der Spruch: Prüfe den Gott, der Dir in die Seele soll! Er erinnert Dich an Deine Verantwortung, an die Verpflichtung Deines Gewissens zur Wahrheit, das auch dann nicht kapitulieren darf, wenn die allmächtigsten Ansprüche herankommen und die subtilen Gebote der Demut und der fraglosen, sofort fälligen Zustimmung vor sich hertragen.

Die Angst kann schwer auf das Herz drücken, so schwer, daß nichts näher liegt als die Entschuldigung, sie heilige gewissermaßen alle Mittel der Beruhigung. Lieber Freund, erinnere Dich an Deine Augenblicke der Angst. Was hat geholfen? Kopfsprünge irgendwohin? Befehle? Irgendwelche Pillen? Irgendwelche Tröstungen? War es nicht immer die kleine Brise Mut in Dir selbst, die Drohung auszuhalten und nach einer Lösung zu suchen, die die wahren Gründe für Deinen Zustand anzielte? Hast Du nicht jedesmal erfahren, daß Du mit wachsender Kraft gegenüber dem Furchtgefühl nicht nur das Gefühl der Freiheit, sondern auch die tiefe Genugtuung, eine Art Stolz gespürt hast, weil Du Deinen Exodus nicht billig erschlichen hast? Sprach dann nicht Dein Gewissen das lösende Urteil, jenseits alles Leidens, aller Fragen, warum uns solche Überfälle geschehen? Es ist gut, du bist durch Deine Angst nicht feige, du bist wahrer geworden!?

Wer hat Gott gesehen und ist daran gestorben? Der, dem eines Morgens die eigene Stimme gesagt hat: *Du bist alles, schlimm, daß sonst noch etwas ist.* Er hat einmal geschaut, da ist es geschehen, ein für allemal. Sein Blick hat alles angesogen, nichts draußen gelassen. Er hat seine Pupille an die Wurzel der Dinge geheftet, durchschaut und überblickt alles, aber nicht so, daß er den Blick hätte hingehen, auf einem Blatt, einem Lichtstrahl hätte sitzen lassen können. Denn als er hinsah, nahm er alles an sich. Sehen heißt für ihn zugleich sagen: Das alles bin ich, hätte ich zu sein, wenn es mit rechten Dingen zuginge. In diesem Auge bleibt nichts für sich stehen. Es ist ein Werkzeug des Fressens. Alles stürzt durch es in seinen Rachen, seinen Bauch, in ihn selbst, alles, das Gewicht des Kosmos, alles insgesamt und überhaupt verknäult sich in ihm. Auf einmal spürt er in sich die Tonnage Gottes. Er ist um keinen Zentimeter länger geworden, er mißt nicht mehr als vorher, seine Seele hat nicht weit ausatmend ihre Grenzen an den Horizont verlegt. Sie hat ihre Wände wie sonst. Aber alles geht in ihn, stürzt in die Dichte, ballt sich, drängt sich in ihm in unendlicher Schwere. Der Blick hat alles verschlungen, es ist nichts mehr draußen, auf was er sich beziehen müßte, das ihn selbst zu einem unter anderen machen könnte. Es gottet in ihm. Alles Bewegliche in ihm ist Stein und schwarzes Eisen, im Blick zum Klumpen geronnen.

Er hat Gott gesehen, und nun stirbt es zuerst um ihn herum. Seine Geltung läßt nichts mehr sein, das Messer der Entschiedenheit fährt überallhin. Er ist zum schnellsten und härtesten Gift geworden, eine Bombe, geladen mit Allinnigkeit und Allgefühl. Die kalte Raserei der Bedeutungssucht verwüstet alles. Aber auch er selbst bleibt nicht am Leben, obwohl er alles verzehrt hat. Der All-Sinn, den er in sich gerissen hat, erdrückt ihn. Blind geworden an der Schwärze seiner Allheit, weiß er nicht, gegen wen er rennt. Ist noch etwas? Dann gewiß nur Böses, Nichtiges, Vernichtenswertes. Er stirbt an dem Unbedingten, nach dem er die Gier, zu dem er aber nicht das Maß hat.

Das ist Dir jetzt alles zu allgemein. Du wirst Erfahrungen machen, die diese vorläufig leeren Sätze füllen. Ich kann Dir davon eine nennen. Die todbringenden Gottseher sind Feinde des Kompromisses. Sie wollen alles, was sie im Kopf haben, rein in die Wirklichkeit umsetzen ohne Rücksicht auf die Kosten. Sie schließen aus, daß sie ihre Sache am Verstand anderer prüfen, am Willen fremder Menschen begrenzen, von den Verhältnissen außer ihnen bemessen lassen. Sie wollen das Ihre ohne Bezug in die Welt setzen. Das ist keine Nachahmung Gottes mehr, das ist quasi-göttliche Produktion. Alles andere ist ihnen Schändung der eigenen Absicht. Du wirst erleben, wie leicht die Träger ewiger Ideen durch die einfache Bitte zu beleidigen sind, sich verständlich zu machen. Die Welt, das gemischte Ding, in dem nichts rein erscheint, ist nichts für Menschen, die nur konsequent sein können. Sie versenken dieses Gebilde, dessen Teil sie nicht mehr sein wollen, in den Abgrund, den sie zwischen ihrem Entweder und ihrem Oder aufgerissen haben, ohne Gnade. Irgendwann sind sie, in einem Ruck, aus dem Fleisch der Materie weggeflogen und haben sich in die plötzliche Gegenwart der Idee geschwungen. Dort oben gibt es keine Wege, keine Abstände, keine Anläufe sind nötig, alles ist immer am Ziel, alles ist immer da. Aber unten, im Fleisch, herrscht die Distanz, die nur in der Geduld zu überbrücken ist. Da muß einer gehen können. Die Welt hängt daher samt ihren Zuständen und Qualitäten nicht hauptsächlich an den unbedingten Gedanken, sondern viel mehr an den Methoden, mit denen diese verwirklicht werden. Der Schrecken, der von den Gottsehern ausgeht, kommt aus der Verwechslung, die sie praktisch begehen. Sie versetzen die himmlische

Gegenwart der Ideen unmittelbar auf die Erde und erlauben es dieser nicht, endlich zu sein. Überall, wo das geschieht, wird das tödliche Klima erzeugt, Angst, Panik, Explosion, Blut, Vernichtung, das Ende der Welt.

Der Bischof hat Dir Öl aufgestrichen, um Dich gegen diese Verwechslung mutig und vorsichtig zu machen. Die Erinnerung an Jesus von Nazaret hilft Dir dazu. Von ihm heißt es, er sei der *Sohn,* er allein habe Gott gesehen, kein Mensch sonst (Joh 1, 18). Schau ihn an, merke ihn Dir gut. Wie bescheiden geht dieses Auge in die Welt, wie läßt es sich Zeit, auf den Dingen zu ruhen, demütig genug, sich überraschen zu lassen von Bildern, die ihm begegnen. Es sitzt nicht oben, sondern in der Perspektive eines Leibes, und von da aus sieht es. Jesus sagte seine Sache im Gehen. Er hatte nicht viel Zeit und wenig Platz. Aber was er hatte, erhielt von ihm alle Andacht der Aufmerksamkeit, der Zuwendung. Er hat es ausgemessen. Er hat einen Gott gebracht, der im Erscheinen seiner Macht die Welt nicht auslöscht, sondern sich dem Winzigen aussetzt, dem Vorläufigen treu ist und sich zum anderen ziehen läßt. Erinnere Dich rechtzeitig daran, daß der Mann aus Nazaret, so unbedingt er war, allein in den Tod ging und keinen seiner Freunde oder Anhänger mitriß. Er wird Dich zurückhalten, wenn Du, überflutet von Visionen des Absoluten, auf die Welt losfahren willst, um sie dort, wo Du sie zu greifen bekommst, Deinem Gesetz zu opfern. Er wird sich am Kreuz schweigend gegen Dich wenden.

Für gewöhnlich gelten die Bitten, die wir an den Himmel richten, der Gewinnung von felsenharter Sicherheit, von göttlichem Überschwang und nicht umzuwerfender Stärke. Ich setze dagegen ans Ende meines Firmbriefes ein:

Gebet zum Schutzengel der Skepsis

Wenn du den besseren Überblick hast,
wenn du etwas kannst in meiner Seele,
bringe mir das Zögern bei,
impfe mich mit dem Wenn und Aber.
Wirf deinen Wind gegen mich,
wenn ich mich fortreiße,
wenn ich meinen Wünschen
den stärksten Namen gebe,
die Atomladung – Gott.

Da kennen sie nichts,
da gehen sie über Leichen,
der Widerstand ist vom Teufel.
Stelle dich auf vor mir.
Rehabilitiere die Fragezeichen,
ehe es still wird hinter meinen Zähnen,
ehe ich alles erledigt habe,
ehe ich eine Gaskammer geworden bin,
ein Bunker,
ein Loch ohne Atem, ummauert
von gefalteten Händen.
Stelle dich auf vor mir mit den Fragezeichen.

Du Hersteller der Nuancen.
Du Exorzist der teuflischen Konsequenzen.
Du Austreiber der Entweder-Oder-Dämonen.
Du Künstler der Übergänge.
Schlag mir den Gott aus den Augen,
reiß mir herab meine Lider,
zieh mir die Augen hin auf das Winzige,
zersetze mir die fixen Ideen,
verblase mir die ewige Sicherheit,
laß mich nicht aus und ein wissen.

Sag mir was vor vom Heiden Euripides:
„Am rechten Ort zu zweifeln ist und bleibt
das Nützlichste für die Menschen."

Aber laß mich nicht zweifeln,
wenn ein Kind mich bittet
um die Milch und den ruhigen Schlaf
und die rechte Hand.

Ein radikales theologisches Buch der Hoffnung

„Was das Christentum über die Zukunft nach dem Tod weiß und zu sagen hat, das beschreibt Gottfried Bachl in diesem Buch. Er zeigt, was die Christen im Blick auf die Letzten Dinge ‚Frohe Botschaft' nennen, erklärt den Grund der christlichen Hoffnung und reflektiert darüber, wie die Strukturen einer Zukunft jenseits des Todes aussehen könnten. Der Autor, Professor für Dogmatik in Salzburg, schreibt offen und engagiert und verbindet bibeltheologische und dogmatische Kenntnisse mit einer packenden und gut verständlichen Sprache" (Würzburger Diözesanblatt).

120 Seiten, Paperback. ISBN 3-451-20520-3

Verlag Herder Freiburg · Basel · Wien